AF535805

А тебе интересно, откуда ты взялся?
Мне больше интересно, как возникла луна...

Привет! Я птица!

Привет! Я пчела!

Посвящается Эми Эхрлих, сказавшей мне «ДА!»

С уважением и признательностью, Р. Г. Х. и М. Э.

НЕСКОЛЬКО СЛОВ РОДИТЕЛЯМ, УЧИТЕЛЯМ, БИБЛИОТЕКАРЯМ, МЕДСЁСТРАМ, ВРАЧАМ, СВЯЩЕННИКАМ И ВСЕМ ТЕМ, КТО РАБОТАЕТ С ДЕТЬМИ, ЗАБОТИТСЯ О НИХ И ПРОВОДИТ С НИМИ ВРЕМЯ.

Маленьким детям интересно их тело и то, как они появились на свет. Многие из них задают бесконечное количество вопросов на эту тему. Они спрашивают, чем они отличаются от других людей, какая разница между мальчиком и девочкой, как называются части тела, откуда берутся дети, что такое семья и многое другое. На одни из них ответить легко, на другие – не очень.

Мы создали эту книгу, чтобы ответить на эти многочисленные вопросы. Мы побеседовали с родителями, учителями, библиотекарями, медсёстрами, врачами, социальными работниками, психологами, учёными и священниками, чтобы убедиться в соответствии материала книги возрасту и сделать его наиболее актуальным и точным с научной точки зрения.

Многие спрашивают нас, как лучше заниматься с детьми по этой книге. Единого ответа дать невозможно. Кто-то из малышей захочет читать вслух вместе с родителями, другие обратятся только к определённым отрывкам книги, чтобы найти ответ на интересующий их вопрос, а кто-то, возможно, решит прочитать её самостоятельно.

Мы надеемся, что наша книга поможет вам ответить на любые каверзные, но абсолютно нормальные детские вопросы.

РОБИ Г. ХАРРИС и МАЙКЛ ЭМБЕРЛИ, январь 2006 г.

текст Роби Г. Харрис, иллюстрации Майкла Эмберли

ДЕТЯМ про ЭТО

ДАВАЙ ПОГОВОРИМ про ЭТО

О девочках, мальчиках, младенцах, семье и теле

БОМБОРА
ИЗДАТЕЛЬСТВО
Москва

ПРЕДИСЛОВИЕ РОССИЙСКОГО ЭКСПЕРТА

Откуда берутся дети? Таким «неудобным» вопросом малыш начинает атаковать маму и папу, когда ему исполняется 4–5 лет. И если на первых порах ребёнка вполне устраивают версии: «принес аист», «купили в магазине», «нашли в капусте», то, становясь старше, он еще больше ставит родителей в тупик своими расспросами.

Что ответить ребёнку, если он, разглядывая фото беременной мамы, интересуется тем, как попал в ее живот? Или спрашивает, чем мальчики отличаются от девочки? А в финале разговора с детской непосредственностью любопытствует, что означает услышанное им по телевизору слово «секс»?

Нас, людей, выросших в стране, где «секса нет», эти вопросы смущают и нередко вгоняют в краску. Отвечая на них, большинство используют ту же схему, что и предыдущее поколение родителей: сочиняют сказки или меняют тему разговора. Для нашего менталитета это нормально. Аргумент в таких случаях один: «рано дитю знать такое, пусть сначала повзрослеет».

Однако есть вещи, которые ребёнку можно и нужно знать уже в детском саду. Возможно, вы об этом не задумывались. Но уже в раннем возрасте девочкам и мальчикам необходимо понимать, какие действия со стороны взрослых недопустимы, можно ли позволять другим дядям, тетям и даже сверстникам трогать себя в интимных местах и нужно ли рассказать об этом родителям? Случается, что малыш годами вынужден терпеть насилие, но он не осознает этого. Ему просто не объяснили, что такое хорошо и что такое плохо. Что не надо молчать, несмотря на угрозы и уговоры держать в тайне этот «маленький секрет». Ваш ребёнок должен быть информирован, чтобы дать отпор обидчику или вовремя обратиться за помощью к вам.

Эту книгу составляло огромное количество людей. Над ней работали профессора, доктора медицинских наук, психиатры, именитые педагоги, рядовые воспитатели, библиотекари, мамы с папами и даже дедушка! Авторы хотели сделать свой труд максимально понятным, несмотря на всю его научность. Они просто и весьма корректно рассказывают о том, чем отличаются мальчики и девочки, как они взрослеют, что такое яйцеклетка и сперматозоид, как происходит оплодотворение, как рождается малыш. Составители затрагивают массу любопытных и ни в коем случае не пошлых нюансов. Некоторые факты будут интересны не только малышу, но и родителям!

Не стоит воспринимать эту книгу исключительно как первое эротическое пособие для вашего чада. Она значительно «глубже и шире», чем может показаться на первый взгляд. В ней есть главы, рассказывающие о том, что такое семья, усыновление, как можно помочь с новорождённым маме, что такое друг и как строить с ним отношения.

Возможно, листая эту книгу, вы подумаете, что вашему сыну или дочери такое «пособие» нужно будет показать в 7, 8 или даже 10 лет. Окончательное решение остается за вами, но не хотелось бы, чтобы вы слишком затягивали с таким важным вопросом. Всегда есть риск того, что вы не успеете, а ребёнок узнает об «этом» от ребят на улице, которые могут слишком исказить информацию и сместить акценты на нежелательные подробности. Более того, может измениться и восприятие ребёнка: слушать он вас будет с неуместным хихиканьем.

Если вы не готовы начать с первых глав, предполагающих «экскурсию» по человеческому телу, начните с последних страниц, которые рассказывают о сексуальной безопасности малыша. Обращайтесь к книге всякий раз, когда почемучка станет вас донимать нестандартными вопросами. Вы можете зачитывать отрывки из этой «шпаргалки», отыскивая только интересующие ребёнка факты, а можете штудировать ею полностью, что называется «от корки до корки». Если ваш малыш уже умеет читать, можно доверить ему самостоятельное изучение книги. К этому располагает ее доступность и красочное оформление. Повествование идет с участием нарисованных героев: жизнерадостный зелёный попугай и маленькая, но очень серьезная пчёлка обмениваются эмоциями и комментариями по поводу полученной информации. Их диалоги выглядят как комиксы. Интересно и доступно!

Авторы книги надеются на то, что это издание сможет помочь вам в просвещении ребёнка. Ведь отвечать на «неудобные» вопросы так же естественно, как и задавать их.

ТАТЬЯНА БУЦКАЯ,
врач-педиатр,
российский политический деятель

СОДЕРЖАНИЕ

А я очень-очень хочу посмотреть на насекомых!

ПТИЧКА И ПЧЁЛКА ИДУТ В ЗООПАРК

Нет, мне интересно, откуда берутся насекомые...
Мне кажется, я знаю, откуда берутся дети! Может, мама съедает семечко арбуза, а из него потом вырастает ребёнок?
Правда???
А может, папа покупает мешок семян, из которых на огороде вырастают дети? Потом мама срывает с грядки ребёнка, который ей нравится.
То есть детей срывают с грядки?
Сомневаюсь!
Или, может, папа заказывает ребёнка по Интернету?
А может, аист приносит ребёнка, а мама или папа его ловят.
Не может быть!
Так откуда же берутся дети?
?

1

ТАК МНОГО ВОПРОСОВ!

Ты, наверное, видел, как разные семьи: твоя, семья двоюродного брата или сестры, семья друзей, соседей, кошек, собак, пингвинов, свинок, бегемотов, лошадей, дельфинов или слонов — обнимают, любят, кормят своих детей, играют с ними и заботятся о них.

Возможно, у тебя есть множество вопросов о том, откуда появились все эти дети, а также откуда взялся ты и как ты родился.

Наверное, тебе интересно, чем мальчики и девочки отличаются друг от друга и чем они похожи.

Задавая вопросы, ты сможешь узнать о мире больше. Спроси взрослого, например маму, папу, тётю, дядю, бабушку, дедушку, медсестру или врача, и ты найдёшь ответы на все свои вопросы.

Ты также можешь прочитать эту книгу самостоятельно или попросить няню, учителя и других хорошо знакомых людей прочитать её тебе вслух. Так ты тоже получишь ответы на свои вопросы.

2 ЧТО ДЕЛАЮТ МАЛЬЧИКИ И ДЕВОЧКИ

Девочки ловят рыбок, червяков и букашек!

И мальчики тоже!

У мальчиков большие и сильные мускулы.

И у девочек тоже!

Девочки играют с куклами и плюшевыми мишками!

И мальчики тоже!

Мальчики играют с поездами, самолётами и грузовиками!

И девочки тоже!

Девочки поют и танцуют!

И мальчики тоже!

Мальчики лазают по деревьям и занимаются карате!
И девочки тоже!
Девочки смеются, кричат и очень шумят!
И мальчики тоже!
Мальчики носят длинные брюки и короткие штанишки!
И девочки тоже!
Девочки кричат, когда видят страшных монстров!
И мальчики тоже!
У мальчиков короткие волосы!
И у некоторых девочек тоже!
Мальчики и девочки не такие уж и разные...
Ты прав!

3 РАЗНЫЕ? ОДИНАКОВЫЕ?

Мальчиков и девочек можно отличить друг от друга по строению тела и некоторым органам. В основном они похожи, но не полностью.

У девочек и женщин есть влагалище (см. на стр. 22). У мальчиков и мужчин – пенис (см. на стр. 19). Именно эти особенные части тела отличают девочек и женщин от мальчиков и мужчин.

Некоторые из этих частей тела находятся снаружи. Обычно их прикрывают нижним бельём, купальником или в случае с младенцем – подгузником.

Некоторые из таких органов находятся ВНУТРИ. Те, которые находятся ВНУТРИ, невозможно увидеть.

Ещё одно отличие между мальчиками и девочками заключается в том, как они ходят в туалет. Это связано с отличиями в строении их тела. У мальчиков моча выходит через маленькое отверстие на кончике пениса. У девочек моча выходит из маленького отверстия между ног.

Именно поэтому девочки и женщины писают сидя, а мальчики и мужчины – стоя. Однако и девочки, и мальчики сидят на унитазе, когда какают.

Маленькие девочки, женщины и бабушки относятся к женскому полу, а мальчики, мужчины и дедушки – к мужскому.

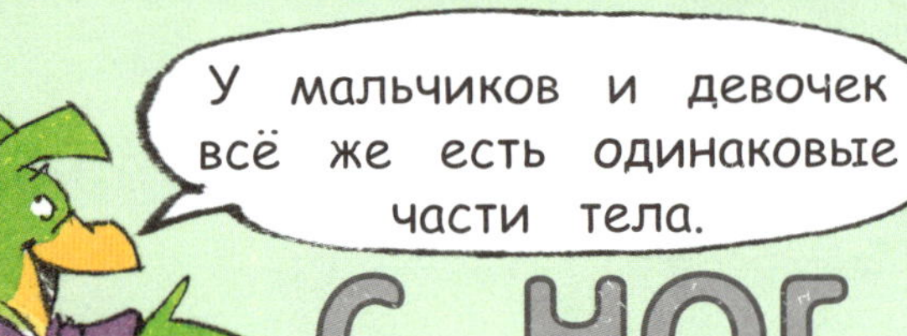

Верно! И у мальчиков, и у девочек есть пальцы на ногах!

С НОГ ДО ГОЛОВЫ

Девочки

Голова

Волосы

Плечо

Шея

Локоть

Кисть

Запястье

Пальцы на руках

Рука

Спина

Большой палец руки

Талия

Ягодицы

Бедро

Анус

Колено

Нога

Пальцы на ногах

Голень

Ступня

Лодыжка

Пятка

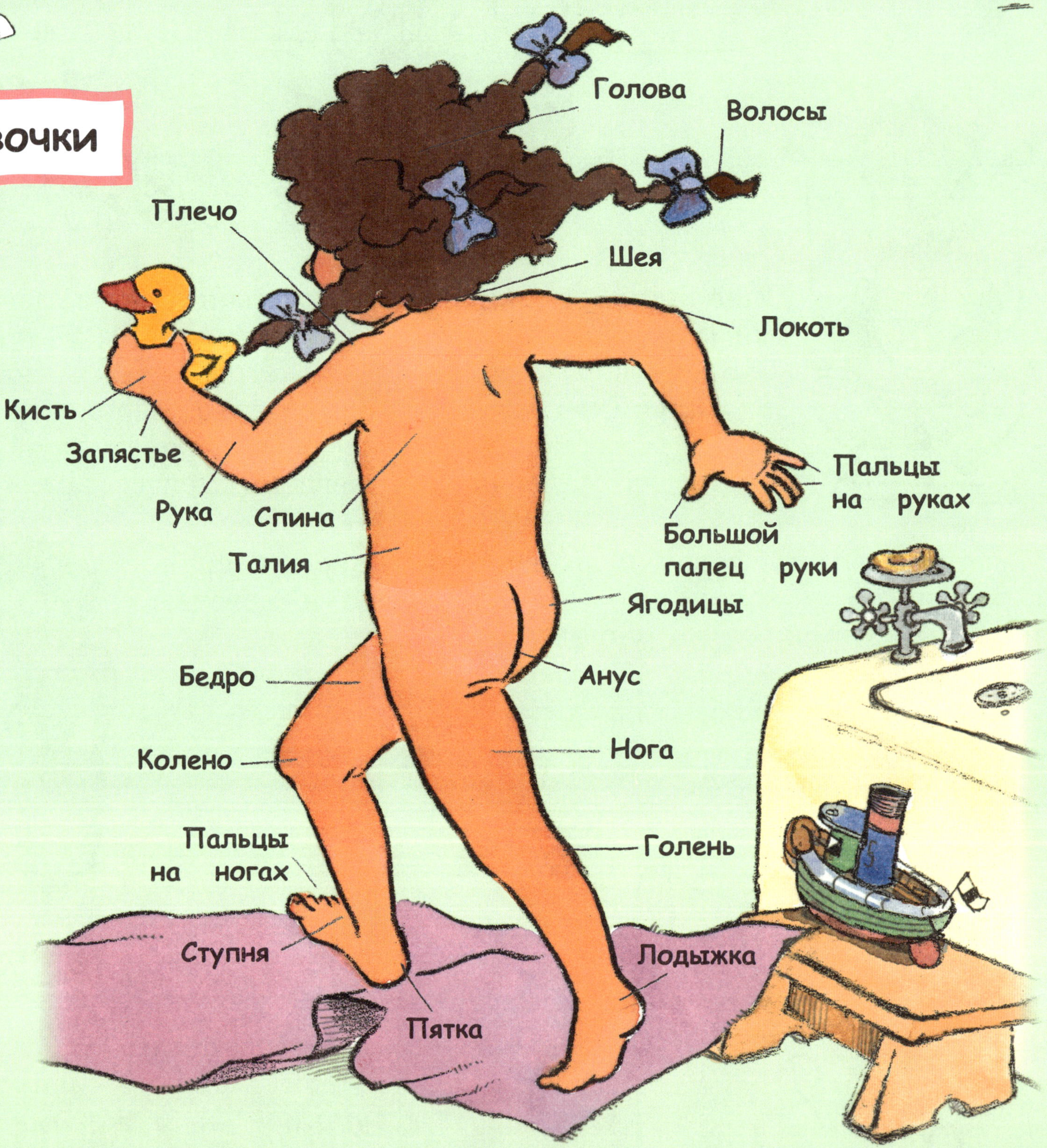

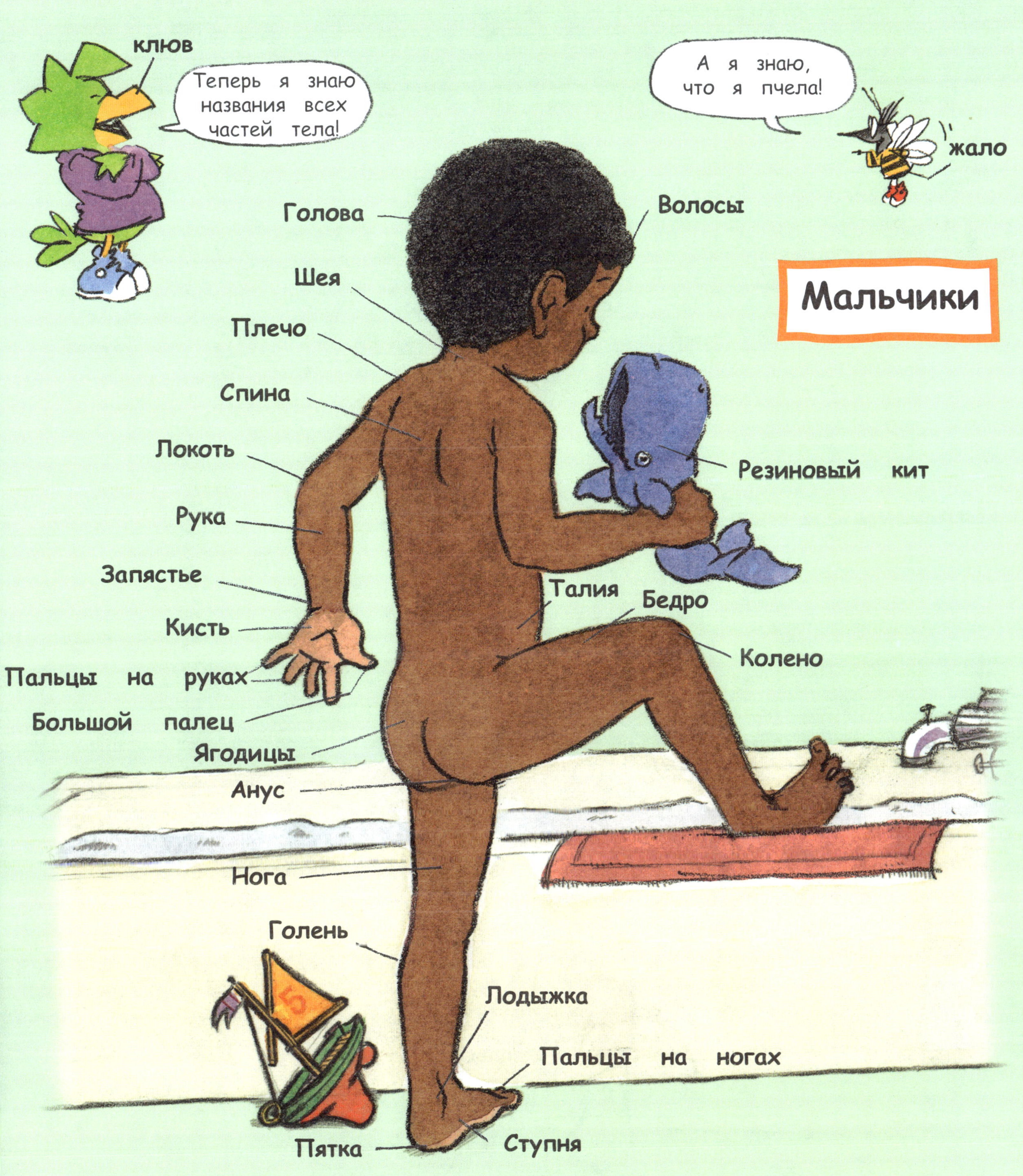
клюв
Теперь я знаю названия всех частей тела!
А я знаю, что я пчела!
жало
Голова
Волосы
Мальчики
Шея
Плечо
Спина
Локоть
Резиновый кит
Рука
Запястье
Талия
Бедро
Кисть
Колено
Пальцы на руках
Большой палец
Ягодицы
Анус
Нога
Голень
Лодыжка
Пальцы на ногах
Пятка
Ступня

С ГОЛОВЫ ДО ПЯТ

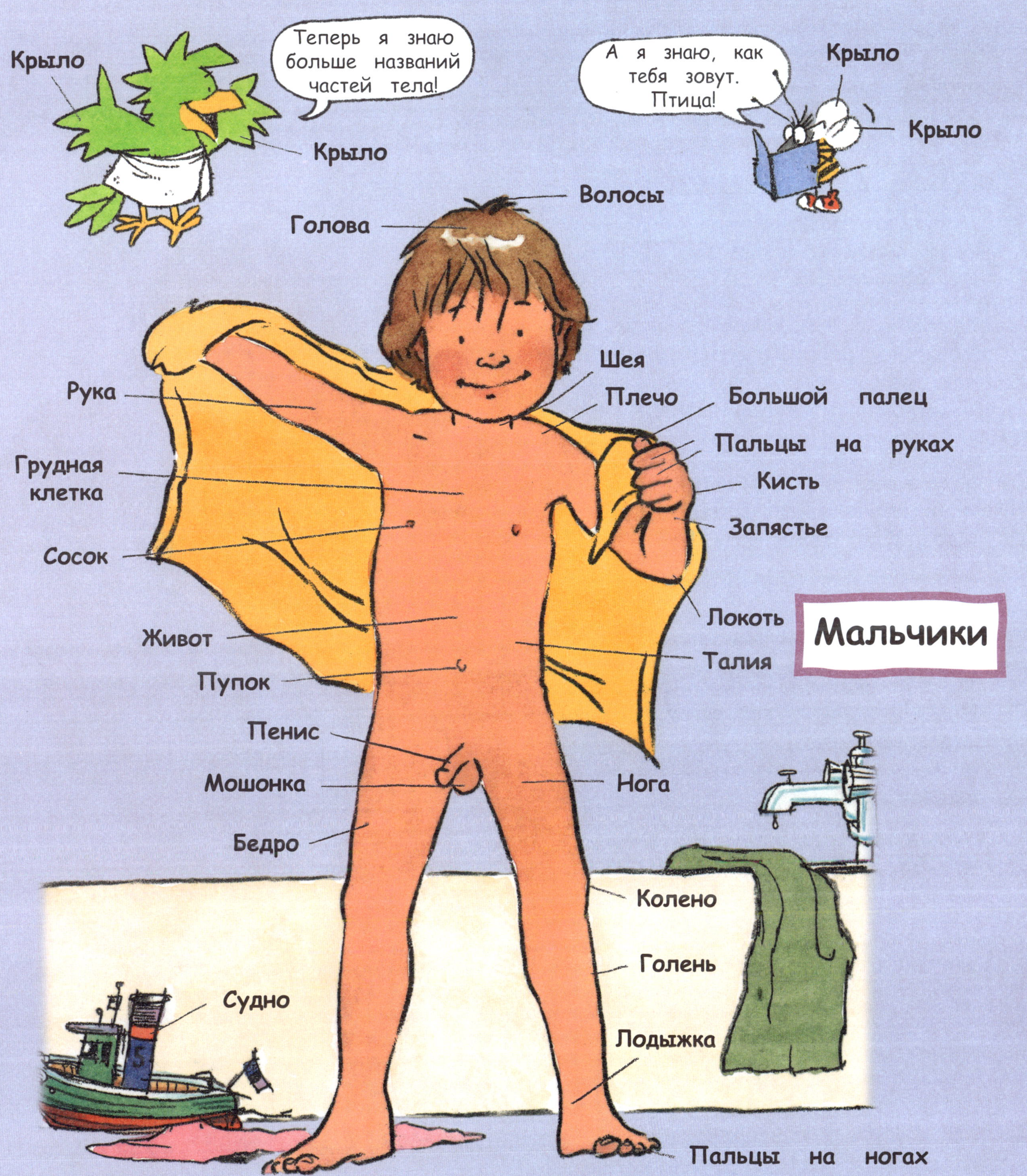
Крыло
Теперь я знаю больше названий частей тела!
Крыло
А я знаю, как тебя зовут. Птица!
Крыло
Крыло
Волосы
Голова
Шея
Рука
Плечо
Большой палец
Пальцы на руках
Грудная клетка
Кисть
Запястье
Сосок
Локоть
Живот
Талия
Пупок
Пенис
Мошонка
Нога
Бедро
Колено
Голень
Судно
Лодыжка
Пальцы на ногах

Мальчики

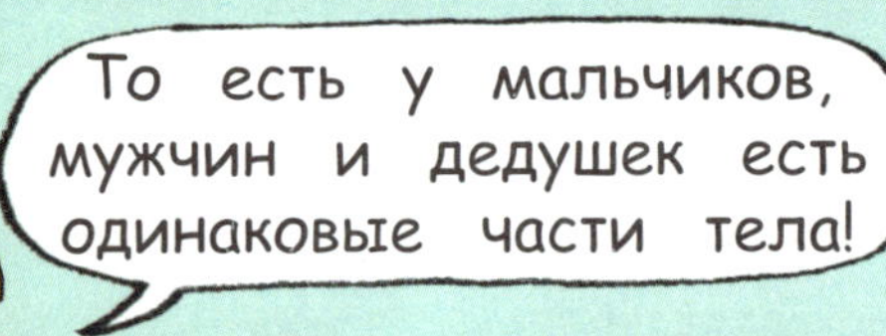

ЧТО ЕСТЬ У МАЛЬЧИКОВ?

Мальчики рождаются с особенными частями тела снаружи и внутри. Именно они делают их мальчиками.

Особенные НАРУЖНЫЕ части тела, пенис и мошонка, располагаются у мальчиков и мужчин между ног. Поэтому их легко увидеть. У девочек и женщин таких органов нет.

Там же, между ног, у мужчин и мальчиков находятся два отверстия — уретра (откуда писают) и анус (откуда какают). У девочек и женщин тоже есть эти отверстия.

МОШОНКА — мягкая сумочка из тонкой кожи, внутри которой находятся два яичка.

ПЕНИС располагается перед мошонкой. Иногда пенисы твердеют и поднимаются. Это происходит в случае эрекции. У всех мальчиков, юношей и мужчин бывает эрекция.

Маленькое отверстие на конце пениса, из которого выходит моча, называется ОТВЕРСТИЕМ УРЕТРЫ.

Кал выходит из отверстия под названием АНУС. Его можно увидеть только в зеркало.

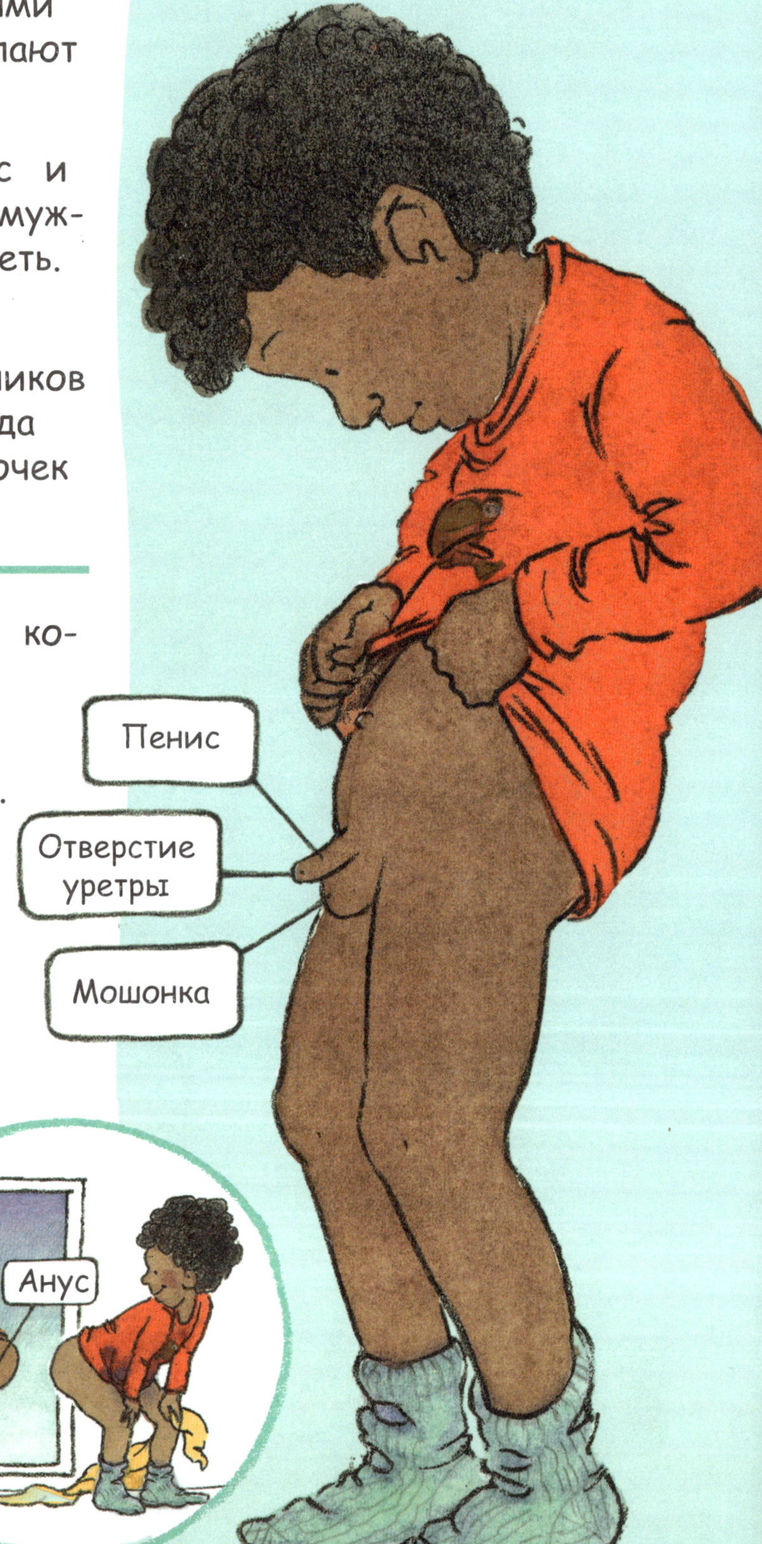

ВНУТРИ мужского тела находятся два яичка и два семявыносящих протока. Внутри женского тела их нет.

Уретра и мочевой пузырь также расположены ВНУТРИ тела у мальчиков и мужчин. У девочек и женщин они тоже есть.

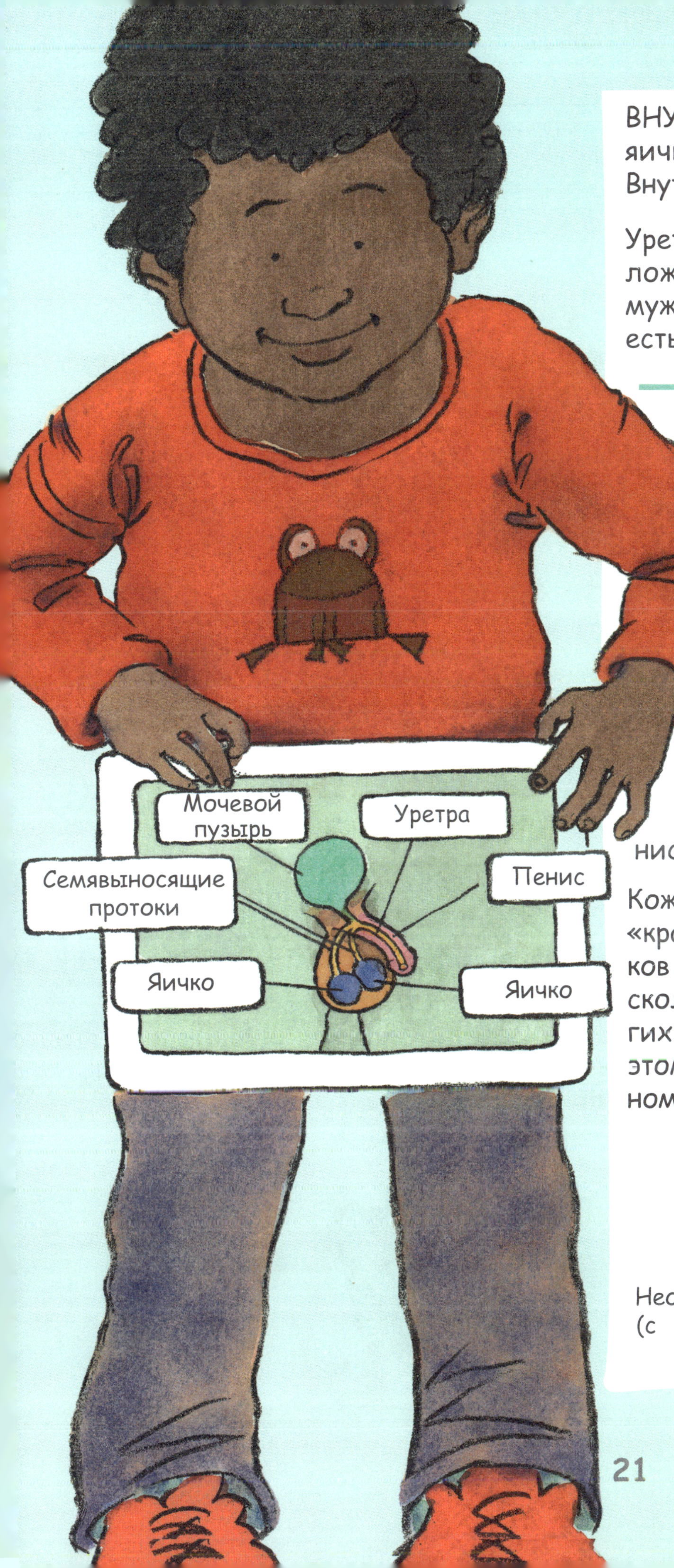

У маленьких мальчиков каждое ЯИЧКО по размеру напоминает виноградину. Две маленькие трубочки, семявыносящие протоки, похожи на сваренные спагетти.

Моча проделывает путь из мочевого пузыря в маленькую трубочку внутри пениса под названием УРЕТРА. Моча покидает тело мальчиков и мужчин через небольшое отверстие на конце пениса.

Кожа на конце пениса носит название «крайняя плоть». У некоторых мальчиков крайнюю плоть удаляют через несколько дней после рождения, у других оставляют нетронутой. Именно поэтому пенисы могут выглядеть по-разному.

Необрезанный пенис (с крайней плотью)

Обрезанный пенис (без крайней плоти)

7

У ВСЕХ птиц и пчёл есть крылья!

ЧТО ЕСТЬ У ДЕВОЧЕК

Девочки рождаются с особенными частями тела снаружи и внутри, которые определяют их принадлежность к женскому полу.

НАРУЖНЫЕ органы: вульва, отверстие влагалища и клитор — располагаются у девочек и женщин между ног, поэтому увидеть их сложно. У мальчиков и мужчин этих частей тела нет.

Два ВНЕШНИХ отверстия: отверстие уретры и анус — тоже находятся у девочек и женщин между ног. У мальчиков и мужчин они тоже есть.

ВУЛЬВА — это область нежной кожи между ног у девочек и женщин.

Внутри вульвы есть маленький кожный бугорок размером с горошину, который называется КЛИТОР.

Кроме того, внутри вульвы есть два небольших отверстия — ОТВЕРСТИЕ УРЕТРЫ, из которого выходит моча, и ОТВЕРСТИЕ ВЛАГАЛИЩА.

Кал выходит из отверстия под названием АНУС. Его можно увидеть только в зеркало.

Анус

Особенными ВНУТРЕННИМИ женскими органами являются два яичника, две фаллопиевы трубы, матка и влагалище. У мужчин и мальчиков этих органов нет.

Два других ВНУТРЕННИХ органа: мочевой пузырь и уретра — есть не только у девочек и женщин, но и у мальчиков и мужчин.

У маленьких девочек ЯИЧНИКИ не превышают размера виноградины.

Две ФАЛЛОПИЕВЫ ТРУБЫ по диаметру похожи на трубочки для коктейлей.

ВЛАГАЛИЩЕ — эластичная трубка, которая идёт от матки к вульве (внешней части влагалища).

Моча выходит из МОЧЕВОГО ПУЗЫРЯ по маленькой трубочке под названием УРЕТРА. Моча покидает тело девочек и женщин через небольшое отверстие на конце уретры.

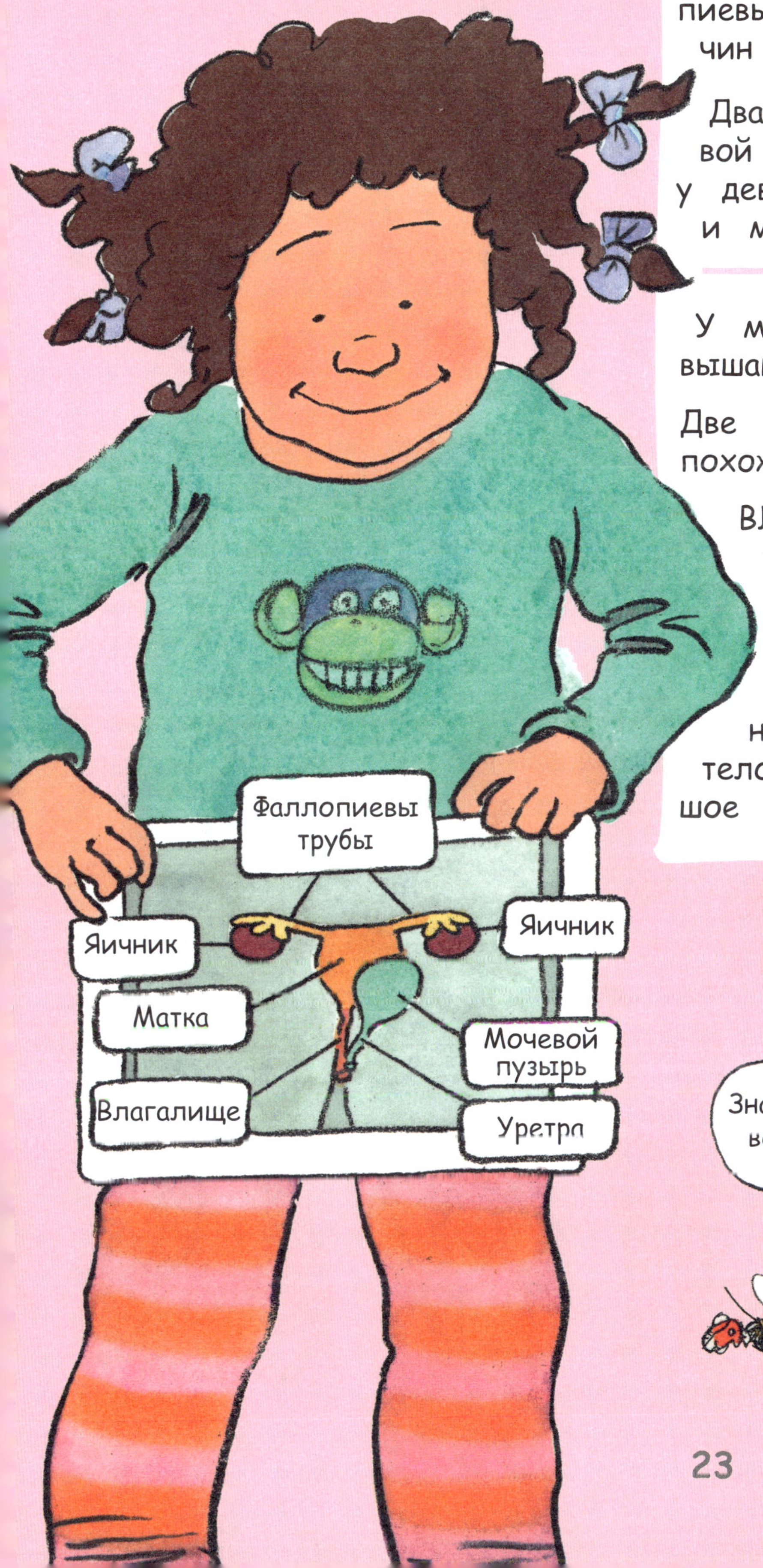

8 ДЕВОЧКИ И МАЛЬЧИКИ ВЗРОСЛЕЮТ

Когда мальчики и девочки взрослеют, их тела меняются и становятся похожими на тела взрослых людей. У взрослых особенные органы ВНУТРИ тела и СНАРУЖИ могут быть использованы для зачатия и рождения ребёнка.

Когда девочка вырастает, её тело становится телом женщины: вырастает грудь, а в подмышечных впадинах и вокруг вульвы появляются волосы. В её яичниках начинают созревать крошечные половые клетки, называемые яйцеклетками.

Когда мальчик вырастает, его тело становится телом мужчины: у него вырастают волосы на лице, под мышками, вокруг пениса и на груди, голос становится ниже, а пенис и мошонка увеличиваются в размерах. Мужские яички начинают вырабатывать сперму, внутри которой есть крошечные половые клетки – сперматозоиды.

9

ТАК МНОГО ЯЙЦЕКЛЕТОК! ТАК МНОГО СПЕРМАТОЗОИДОВ!

Для зачатия ребёнка необходимы лишь две вещи: крошечный сперматозоид от мужчины и крошечная яйцеклетка от женщины.

Каждый день в мужских яичках образуются миллионы сперматозоидов. Сперматозоид настолько маленький, что увидеть его можно только в микроскоп.

Мальчики рождаются с яичками, но яички НЕ МОГУТ вырабатывать сперму, пока мальчик не станет мужчиной. Именно поэтому мальчики не могут зачать детей.

В яичниках у женщин находятся тысячи маленьких яйцеклеток. Размер каждой из них не превышает карандашной точки.

Раз в месяц яйцеклетка выходит из яичника, попадая в одну из двух фаллопиевых труб. Девочки рождаются с запасом яйцеклеток в яичниках, но их яйцеклетки НЕ ГОТОВЫ к зачатию ребёнка, пока девочка не станет женщиной. Именно поэтому девочки не могут родить ребёнка.

10

ДЕТЕЙ ПРИНОСЯТ НЕ АИСТЫ!

Для зачатия ребёнка нужно, чтобы мужской сперматозоид оплодотворил женскую яйцеклетку.

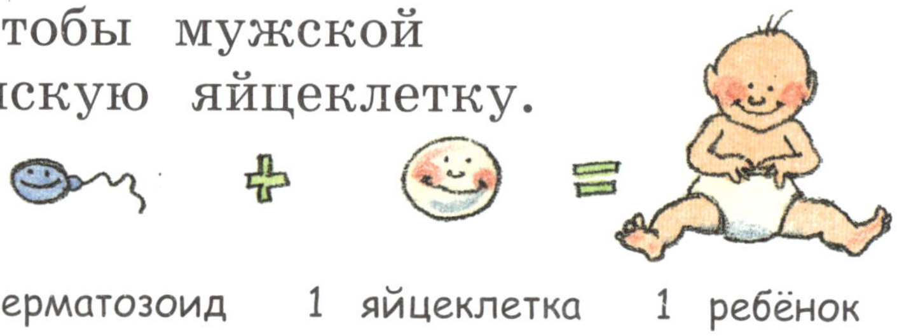

Когда взрослые хотят зачать ребёнка, они занимаются любовью, или, иначе говоря, сексом. Во время этого занятия мужчина и женщина становятся настолько близки друг к другу, что мужской пенис входит в женское влагалище.

В отличие от взрослых, дети слишком малы для того, чтобы заниматься сексом.

Когда взрослые занимаются любовью, сперма выходит из маленького отверстия на конце мужского пениса и попадает в женское влагалище. Затем сперма проходит путь от влагалища к фаллопиевым трубам через матку.

Если хотя бы один сперматозоид соприкоснётся и соединится с яйцеклеткой в одной из фаллопиевых труб, произойдёт удивительная вещь – зародится ребёнок!

Иногда сперматозоиду не удаётся соединиться с яйцеклеткой внутри женского тела. В таком случае врач может взять сперматозоид и яйцеклетку и поместить их в маленькую чашечку, где они смогут встретиться. Затем врач переносит оплодотворённую яйцеклетку в матку женщины, где малыш начнёт развиваться. Или же врач может поместить сперму во влагалище женщины, откуда она попадёт к фаллопиевым трубам и там оплодотворит яйцеклетку.

БОЛЬШОЕ ПЛАВАНИЕ

Наверное, тебе интересно, как сперматозоид оплодотворяет яйцеклетку...

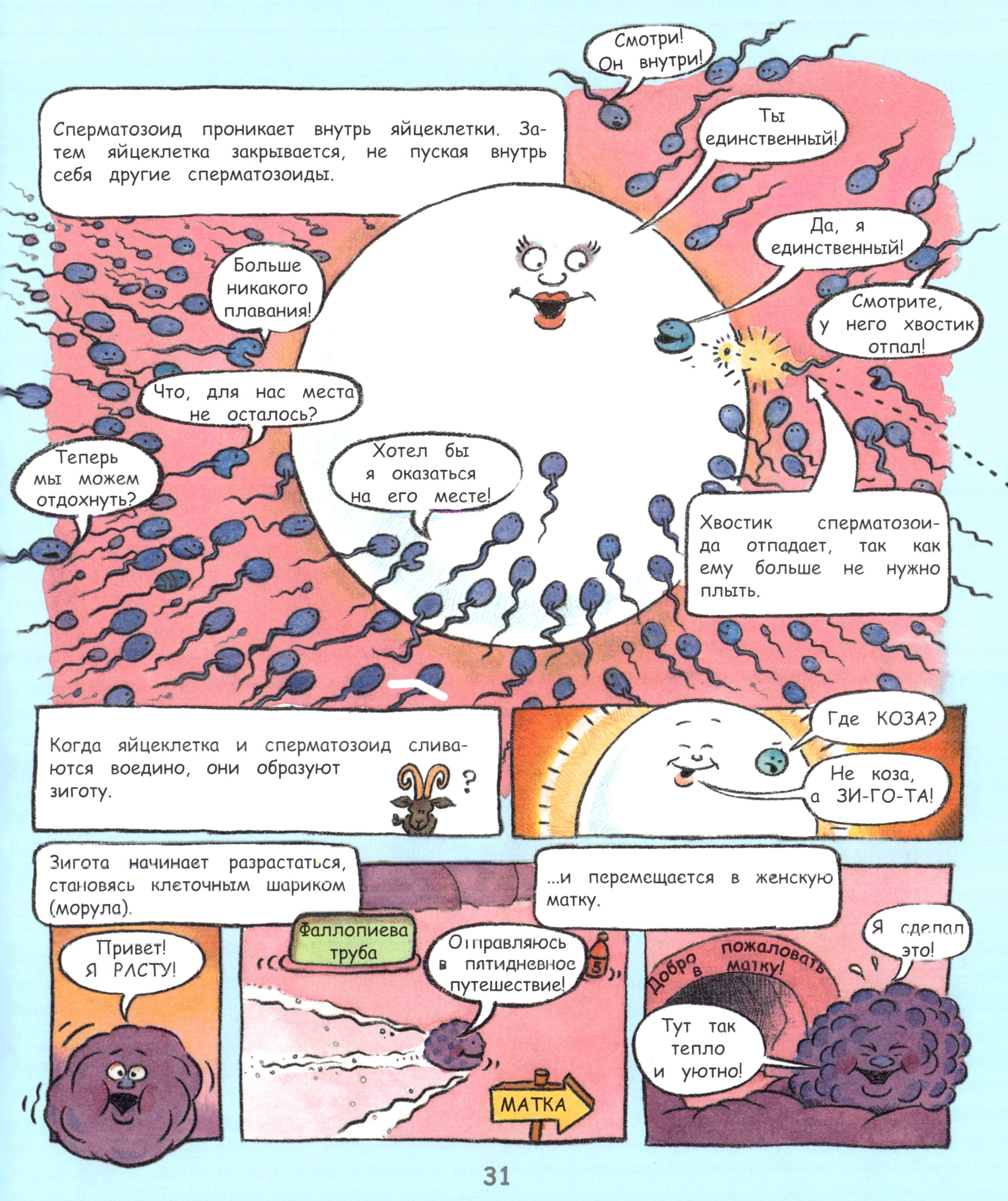
Смотри! Он внутри!
Ты единственный!
Да, я единственный!
Сперматозоид проникает внутрь яйцеклетки. Затем яйцеклетка закрывается, не пуская внутрь себя другие сперматозоиды.
Больше никакого плавания!
Смотрите, у него хвостик отпал!
Что, для нас места не осталось?
Теперь мы можем отдохнуть?
Хотел бы я оказаться на его месте!
Хвостик сперматозоида отпадает, так как ему больше не нужно плыть.
Когда яйцеклетка и сперматозоид сливаются воедино, они образуют зиготу.
?
Где КОЗА?
Не коза, а ЗИ-ГО-ТА!
Зигота начинает разрастаться, становясь клеточным шариком (морула).
...и перемещается в женскую матку.
Привет! Я РАСТУ!
Фаллопиева труба
Отправляюсь в пятидневное путешествие!
5
МАТКА
Добро пожаловать в матку!
Я сделал это!
Тут так тепло и уютно!

РАСТУЩАЯ МАТКА

Удивительно! Дети и правда получаются из сперматозоида и яйцеклетки!

Но как этот шар...

...превращается в ребёнка?

Я не понимаю!

А где же малыш растёт?

Я думаю, он растёт у мамы в желудке! Где же ещё?

Может, у него есть своя комната внутри мамы?

Интересно, у него там есть телевизор?

Или книги, велосипед?

Или кровать?

Ребёнок растёт в увеличивающейся матке. Понятно?

Когда клеточный шарик прикрепляется к матке, говорят, что женщина стала беременной. Трудно поверить, что крошечный клеточный шарик становится целым человеком – ребёнком! Но это правда.

Понятно! Он растёт в матке, а не в желудке у мамы.

Голодная женщина

Лимонад

Попкорн в желудке

Плод в матке

У беременной женщины плод растёт не в желудке. Он растёт под желудком, в матке. Плод будет расти там до тех пор, пока не достигнет нужных размеров.

Когда клеточный шарик попадает в матку, первое время он называется эмбрионом. Затем его называют «плод» или «растущий ребёнок».

То есть плод растёт не там, куда попадает попкорн?

Всё верно!

Этот клеточный шар выглядит БОЛЬШИМ!

На самом деле он крошечный!

13

ОТ ОСТРИЯ БУЛАВКИ ДО АРБУЗА

Когда крошечный клеточный шар попадает в матку, он становится эмбрионом. Его размер не больше острия булавки.

1 МЕСЯЦ. Эмбрион размером с семечко помидора. У него уже бьётся сердце.

6 МЕСЯЦЕВ. Плод размером с кокос. Он уже может слышать, видеть, пинаться, икать и многое другое. Его лёгкие уже учатся дышать. У плода начинают расти брови и ресницы, и он уже умеет открывать глаза.

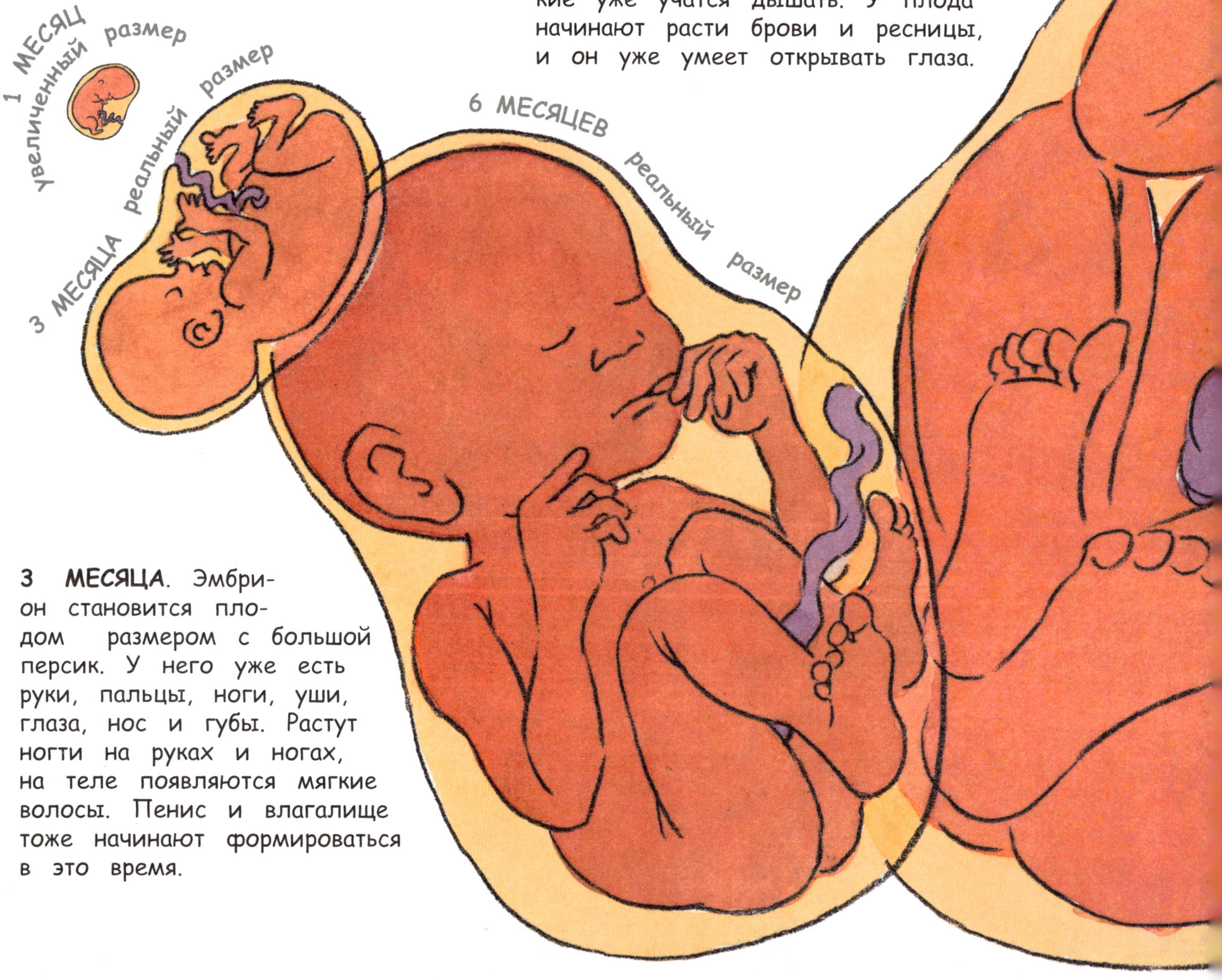

1 МЕСЯЦ увеличенный размер

реальный размер

6 МЕСЯЦЕВ реальный размер

3 МЕСЯЦА реальный размер

3 МЕСЯЦА. Эмбрион становится плодом размером с большой персик. У него уже есть руки, пальцы, ноги, уши, глаза, нос и губы. Растут ногти на руках и ногах, на теле появляются мягкие волосы. Пенис и влагалище тоже начинают формироваться в это время.

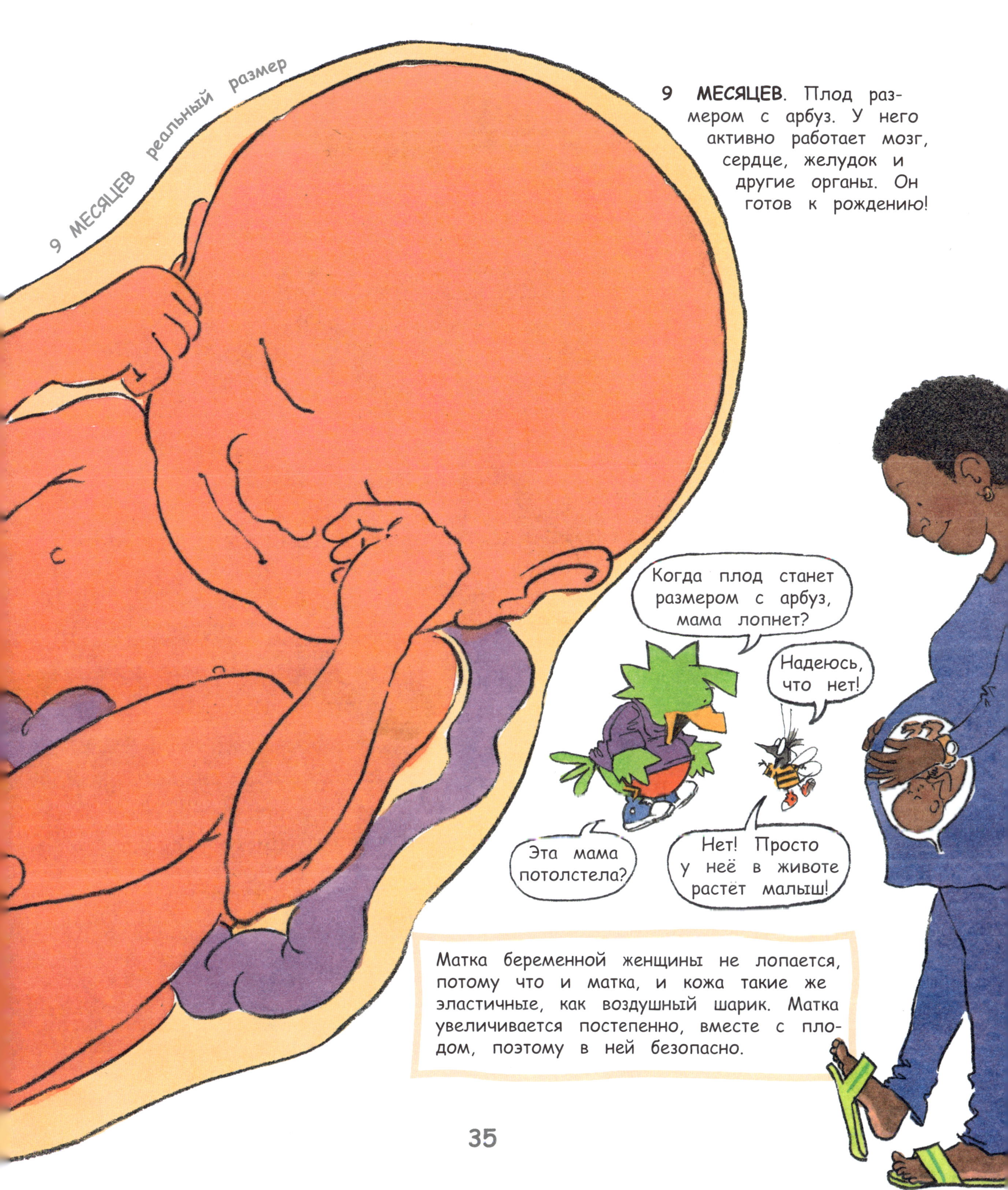

Матка беременной женщины не лопается, потому что и матка, и кожа такие же эластичные, как воздушный шарик. Матка увеличивается постепенно, вместе с плодом, поэтому в ней безопасно.

14

ПУПОВИНА

Нам нужно есть, чтобы расти. Я должна есть, потому что я растущая птица!

Намажь тост мёдом, пожалуйста.

Плод получает все необходимые для роста и здоровья вещества из еды, которую ест мама, и из свежего воздуха, которым она дышит.

Кислород из воздуха и частицы съеденной мамой еды и выпитых напитков попадают в организм плода через пуповину, прикреплённую к его телу. Твой пупок – это место, к которому была присоединена пуповина, пока ты был в матке у мамы.

Матка женщины наполнена тёплой водой, которая греет малыша и защищает его от ударов и толчков. Иногда плод пьёт воду, которой он окружён, и немного писает. Моча плода выходит из тела женщины вместе с её мочой. Большинство плодов не какают внутри матки.

Как плод ест и дышит

1 Свежий воздух поступает женщине через нос и рот.

2 Еда, например банан, и напитки, например молоко, попадают к ней в рот.

3 Воздух поступает в её лёгкие.

4 Еда и напитки проходят через желудок.

5 Внутри желудка еда распадается на маленькие частички.

6 Частицы еды и воздуха попадают в тело зародыша через пуповину.

15

ЧЕМ ЗАНЯТ ПЛОД?

Пока плод растёт внутри матки, он может делать столько всего интересного! Он может пинаться, толкаться, кувыркаться, сосать палец, глотать, моргать, потягиваться, спать и издавать разные звуки вроде икания и отрыгивания.

ПОТЯГИВАЕТСЯ!

ЗЕВАЕТ!

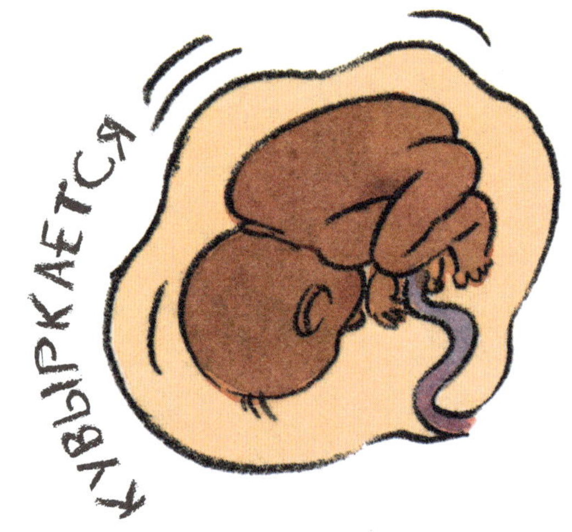

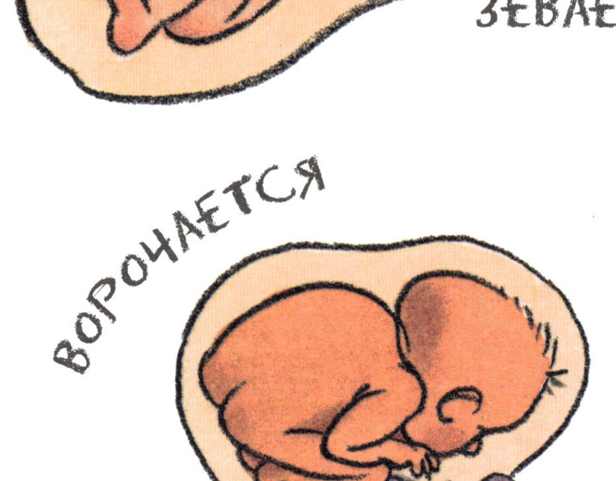

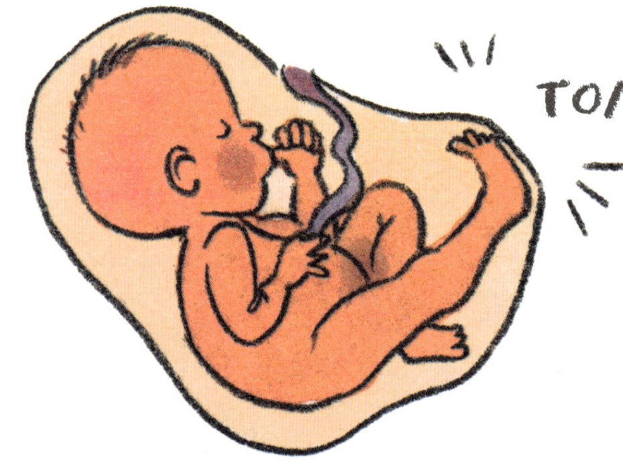

Когда плод вырастает, он слышит голоса и другие звуки, например звонок в дверь или пение. Он слышит, как бьётся мамино сердце и урчит живот, и видит яркий свет.

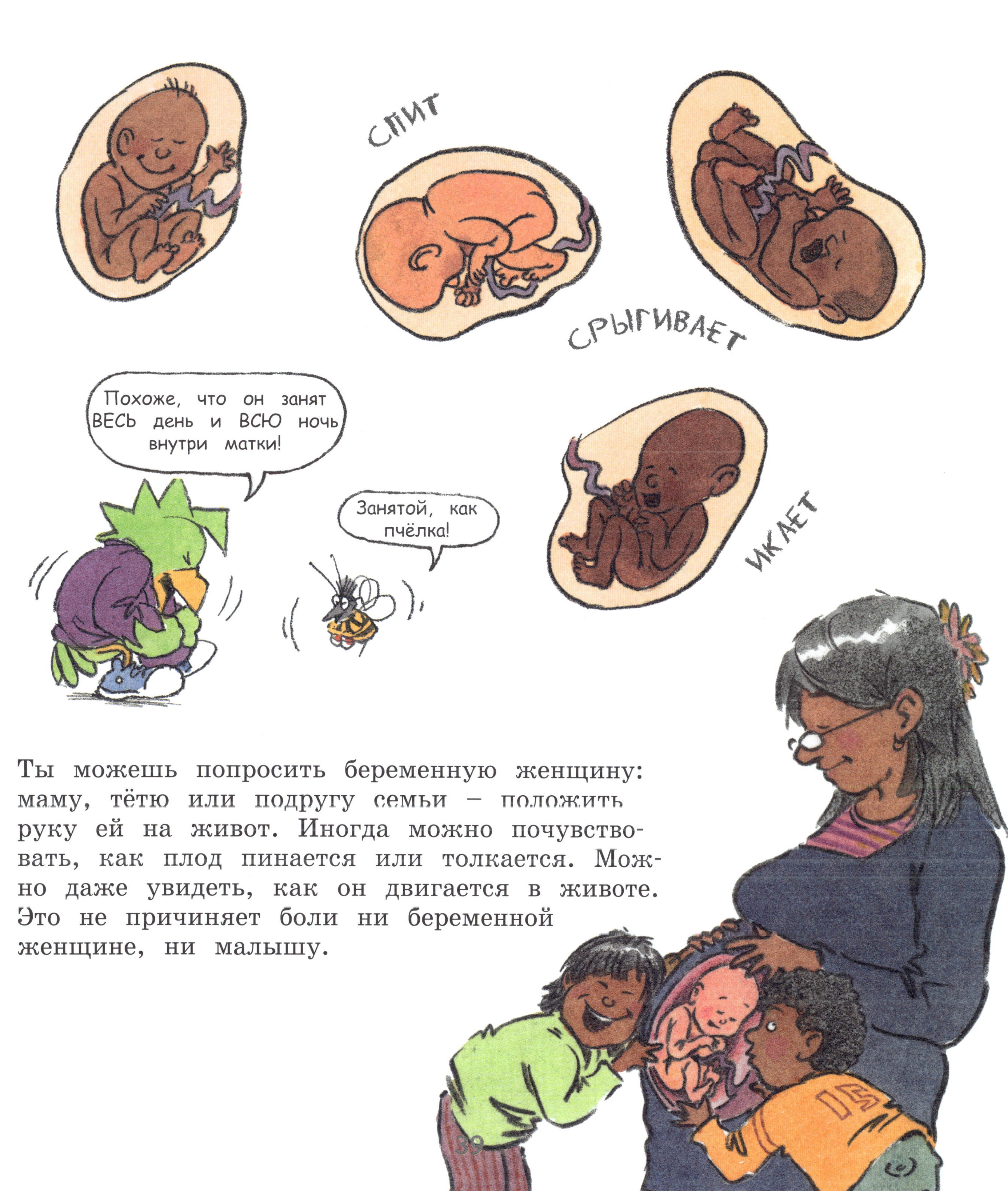

Ты можешь попросить беременную женщину: маму, тётю или подругу семьи – положить руку ей на живот. Иногда можно почувствовать, как плод пинается или толкается. Можно даже увидеть, как он двигается в животе. Это не причиняет боли ни беременной женщине, ни малышу.

16

МАЛЬЧИК? ДЕВОЧКА? ОДИН МАЛЫШ ИЛИ БОЛЬШЕ?

Когда врач или медсестра проводят процедуру под названием «ультразвук», можно увидеть, как плод в матке двигается, толкается, пинается или спит. Иногда можно увидеть, есть ли у плода пенис. Если он есть, значит, на свет появится мальчик. Если его нет – родится девочка. Так большинство семей ещё до рождения малыша знают, кто у них будет: мальчик или девочка.

Некоторые родители не хотят знать, кто у них родится. Для них пол ребёнка будет сюрпризом. Они узнают его только тогда, когда малыш уже появится на свет. А кто-то приносит домой компьютерный снимок, чтобы показать его родственникам и друзьям.

Во время проведения ультразвукового обследования врач или медсестра видят, сколько плодов развивается в матке беременной женщины: один, два или даже больше.

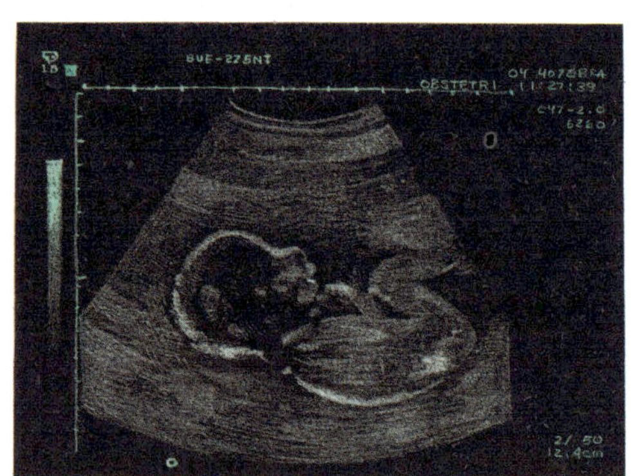

Компьютерный снимок плода (УЗИ)

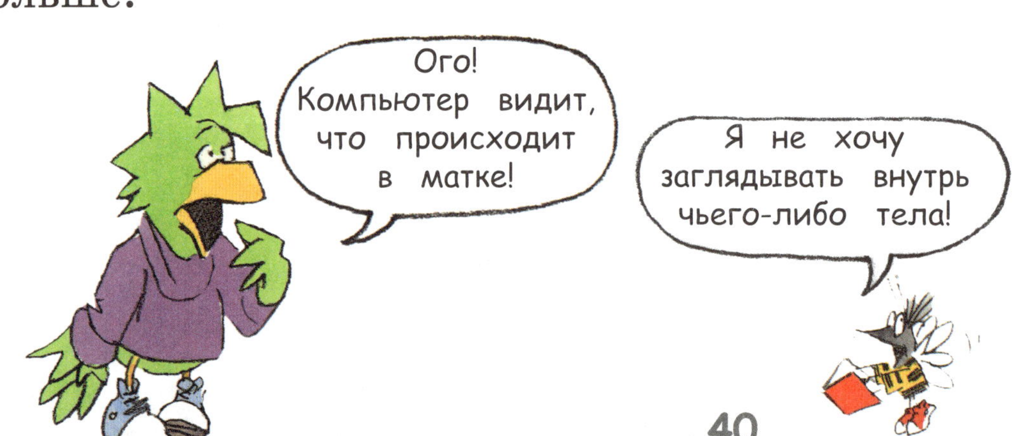

Обычно внутри матки развивается только один плод, но иногда их может быть два, три или даже больше.

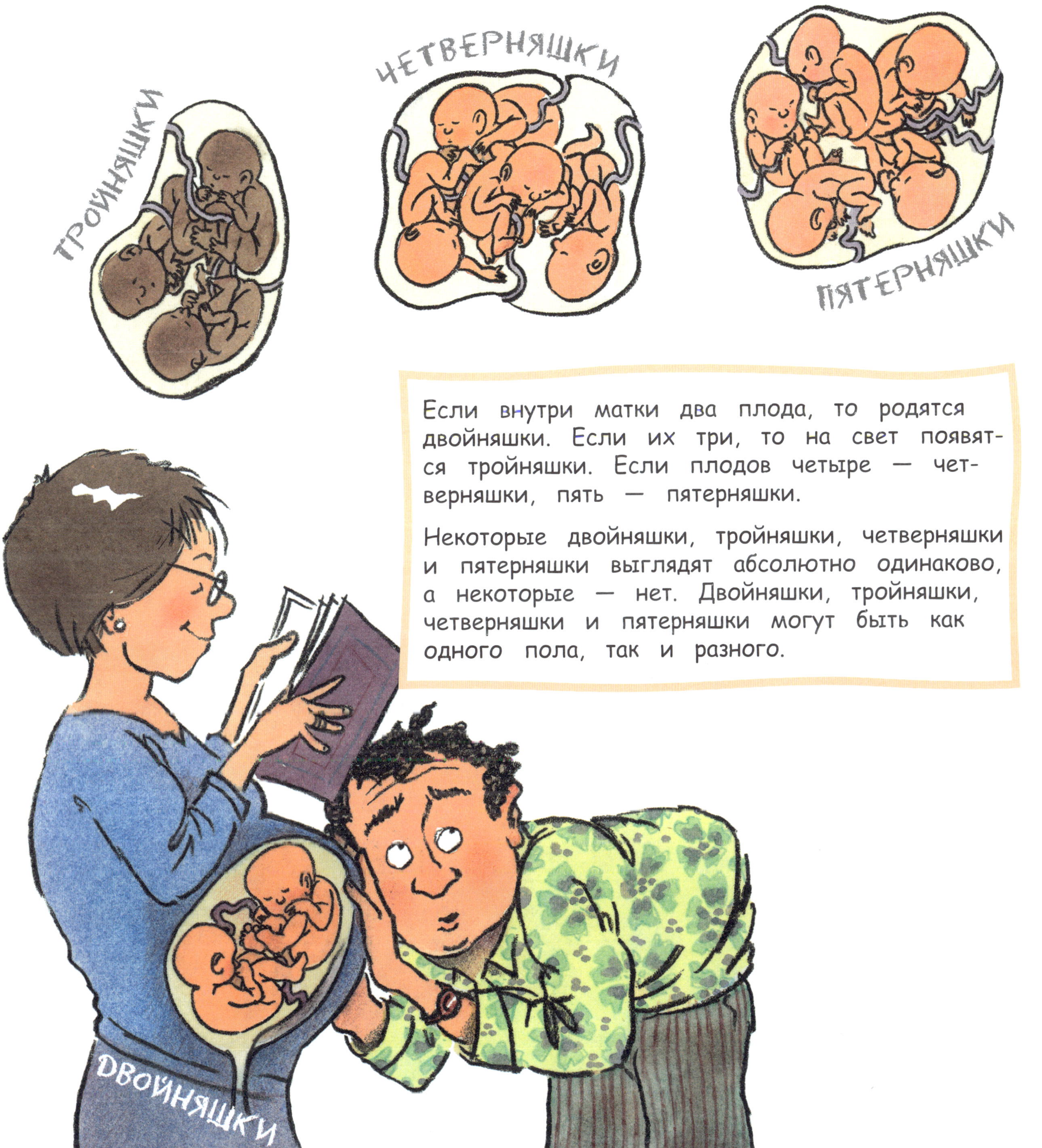

Если внутри матки два плода, то родятся двойняшки. Если их три, то на свет появятся тройняшки. Если плодов четыре — четверняшки, пять — пятерняшки.

Некоторые двойняшки, тройняшки, четверняшки и пятерняшки выглядят абсолютно одинаково, а некоторые — нет. Двойняшки, тройняшки, четверняшки и пятерняшки могут быть как одного пола, так и разного.

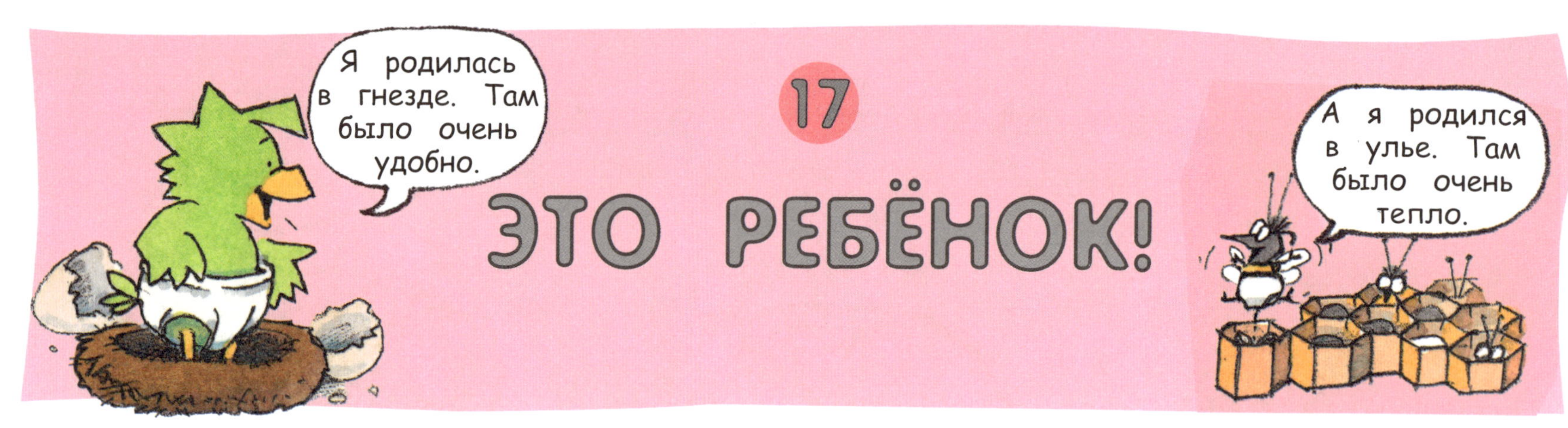

17 ЭТО РЕБЁНОК!

Большинство детей рождается в больницах, но некоторые появляются на свет дома. В большинстве случаев во время родов маме помогают специальные люди – врачи и акушеры. Иногда помощь оказывает папа ребёнка, его тёти, дяди, бабушка с дедушкой или близкие друзья.

Когда ребёнок становится готов к рождению, мышцы маминой матки выталкивают малыша через влагалище. Влагалище сильно растягивается, чтобы ребёнок смог проползти через него и появиться на свет, то есть родиться. Большинство детей рождаются именно так.

Как рождается малыш? Думаешь, он выходит, когда мама какает?

Нет, я так не думаю!

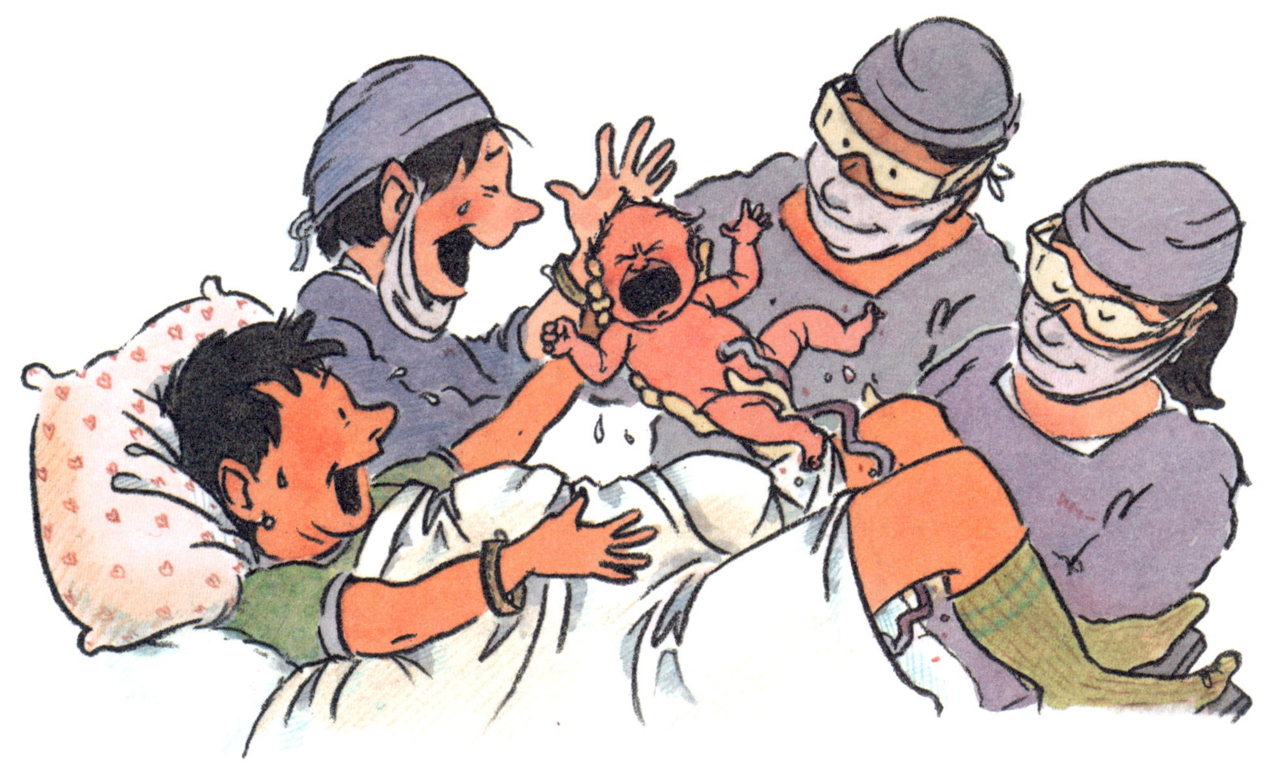

Иногда врачу приходится делать надрез на коже и матке мамы, чтобы извлечь из неё ребёнка. Перед операцией маме дают специальное лекарство, чтобы ей не было больно. После того как врач сделает надрез, он достаёт из матки малыша. Затем этот надрез зашивают специальными нитками. Некоторые дети появляются на свет таким образом. Такая операция называется «кесарево сечение». Ты можешь спросить у своих родителей, как именно ты родился и где: в больнице или дома.

Я вылупился из яйца. Так я родился.

Когда ребёнок рождается, кто-то обычно кричит: «Это ДЕВОЧКА!» или «Это МАЛЬЧИК!», даже если родители заранее знали пол малыша. Момент рождения ребёнка такой волнующий!

18 С ДНЁМ РОЖДЕНИЯ!

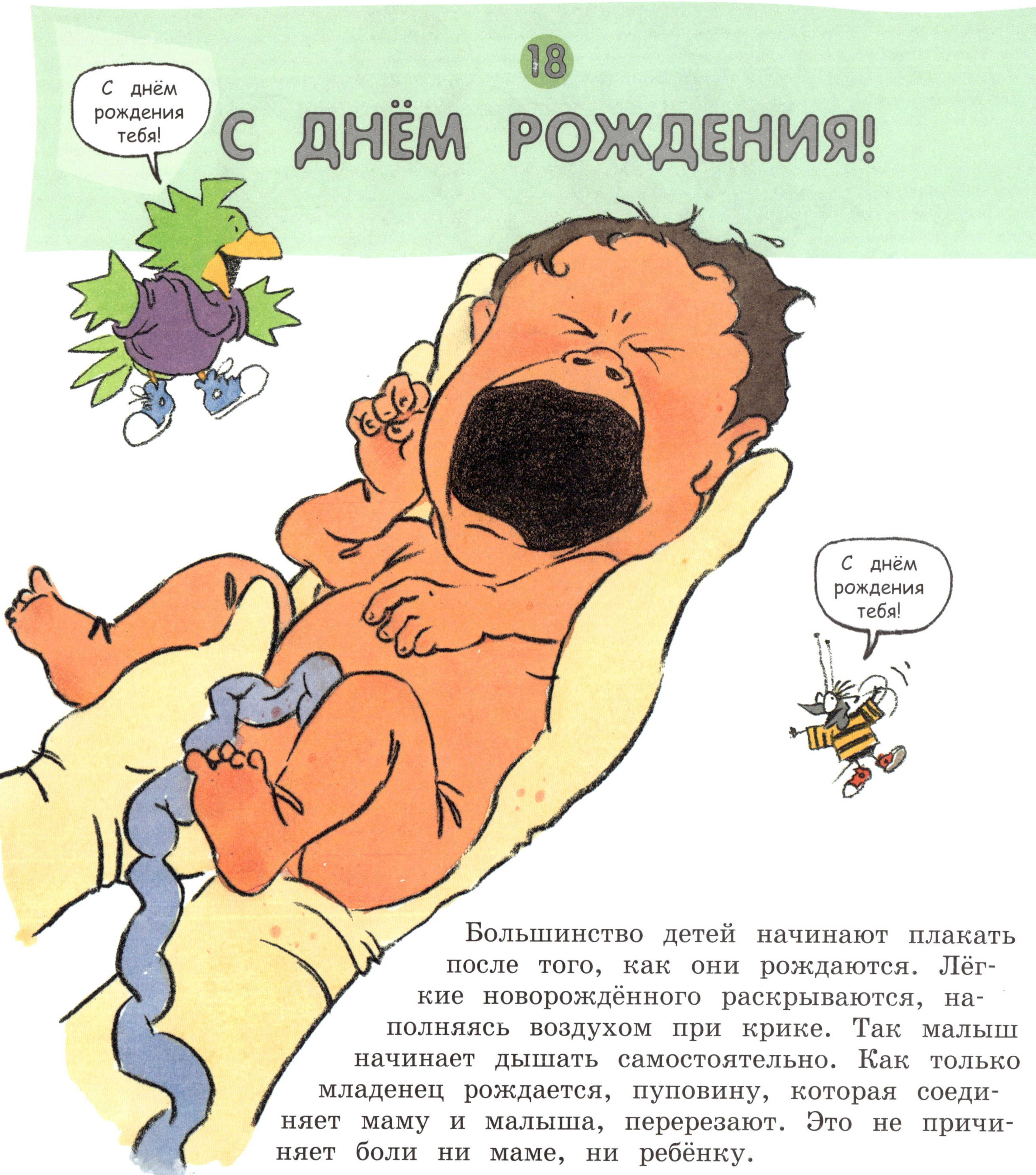

Большинство детей начинают плакать после того, как они рождаются. Лёгкие новорождённого раскрываются, наполняясь воздухом при крике. Так малыш начинает дышать самостоятельно. Как только младенец рождается, пуповину, которая соединяет маму и малыша, перерезают. Это не причиняет боли ни маме, ни ребёнку.

Пуповину перерезают потому, что младенец теперь может дышать самостоятельно. Кроме того, он может пить молоко из маминой груди или из бутылочки. Идеальное питание для малыша – это мамино молочко, но если его нет, то мама кормит ребёнка специальной молочной смесью. Это необходимая еда в его первые два года.

Место, к которому была присоединена пуповина, становится пупком. Как только пуповину перерезают (а иногда даже раньше), родители ребёнка могут наконец обнять и поцеловать новорождённого. Держать малыша и смотреть на него очень приятно!

Дата твоего рождения становится твоим днём рождения, и эта дата никогда не меняется. Слово «рождение» означает появление на свет чего-то нового. Каждый год в день твоего рождения все поздравляют тебя с праздником, потому что они рады, что ты появился на свет.

19 ОБЪЯТИЯ И ПОЦЕЛУИ

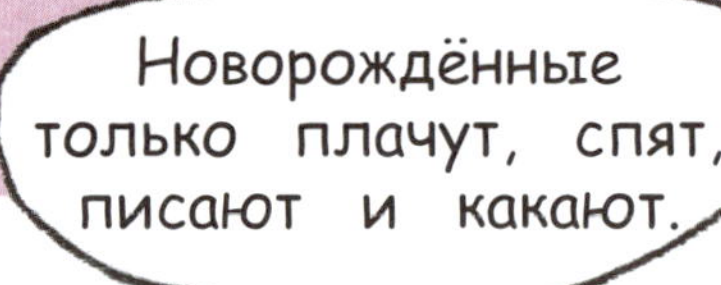

Большинство детей постарше не помнят, как они были младенцами. Попроси родителей показать тебе фотографии, на которых ты ещё совсем маленький. Пускай они расскажут тебе, что ты умел делать в своём раннем детстве и как ты выглядел.

Если ты посмотришь на новорождённого, то поймёшь, что он делает множество вещей. Младенцы часто устают от того, что они слишком заняты. Именно поэтому они много спят и плачут.

Новорождённые плачут, когда они голодны или устали. Они плачут и тогда, когда они пописали или покакали, и им нужно сменить подгузник.

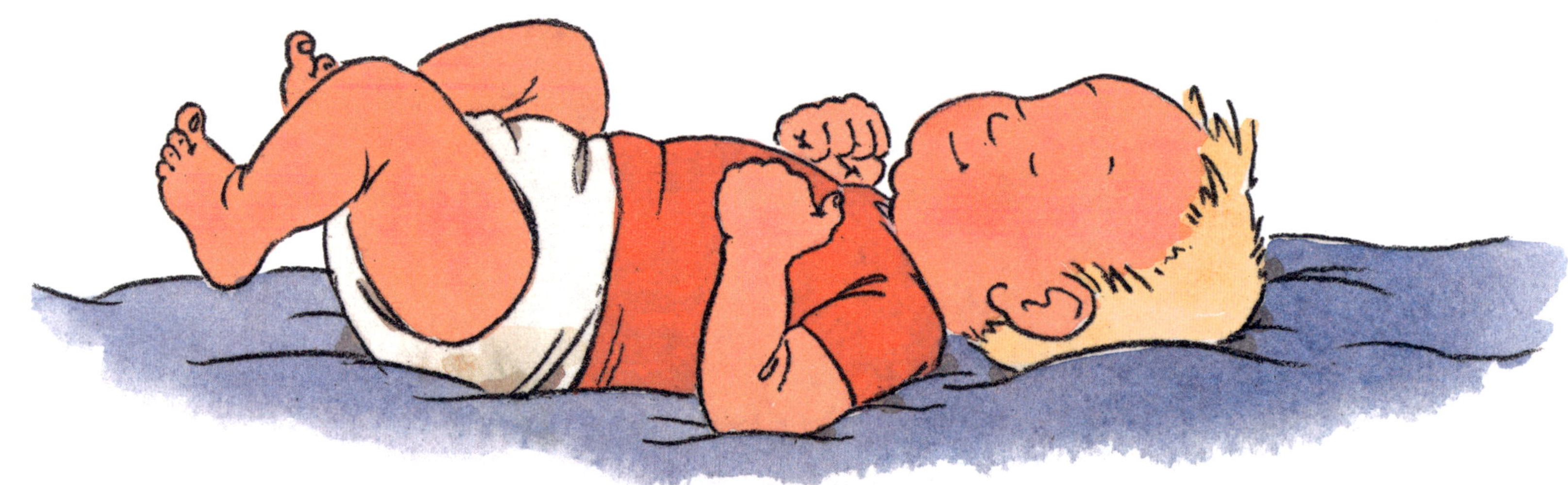

Когда младенцы голодны, они пьют особое молоко из маминой груди или из бутылочки. Малыши плачут, когда им одиноко и хочется маминой ласки или когда им слишком холодно или слишком жарко. С помощью плача они говорят нам, чего они хотят или что они чувствуют.

Хотя новорождённые могут видеть и слышать, им необходима забота других людей: мамы, папы, дяди, тёти, бабушки, дедушки, медсестры или няни. Старшие братья и сёстры могут помогать менять подгузник, купать или кормить малыша, когда он немного подрастёт. Они также могут играть с ним в разные игры.

Младенцам нравится, когда братья и сёстры их обнимают и целуют, улыбаются им, поют или разговаривают с ними. Им приятно быть с теми, кто старше их!

20 ТИПЫ СЕМЕЙ

Большинство детей растут в семьях, где их любят и заботятся о них. Кто-то рождается в семье, а кого-то усыновляют.

В некоторых семьях один ребёнок. В других – два, три, четыре или даже больше детей. В некоторых семьях есть мама и папа, в других – только мама, только папа. Некоторые дети живут с одним родным и одним неродным родителем или с тётей, дядей, бабушкой, дедушкой или приёмными родителями. Кто-то живёт часть времени с одним родителем и часть – с другим.

Случается, что один или оба родителя не могут заботиться о своём ребёнке. Тогда они отдают его в детский дом. Конечно, чаще родители отдают своего ребёнка в детский дом только от безысходности: отсутствия денег, жилья, работы, слабого здоровья. У плохих родителей, которые не заботятся о ребёнке, забирают детей социальные работники. Из детского дома ребёнок, если ему улыбнётся удача, может попасть в другую семью, где он будет жить и расти. Этот процесс называется «усыновление».

Усыновление — хороший шанс обрести новую семью!

Родители, родные и двоюродные сёстры и братья, тёти, дяди, бабушки и дедушки являются членами семьи ребёнка.

21

ХОРОШИЕ И ПЛОХИЕ ПРИКОСНОВЕНИЯ

Младенцам, детям, подросткам и взрослым нужны объятия и поцелуи тех людей, которые любят их и хорошо к ним относятся. Ежедневные объятия, поцелуи и прикосновения членов семьи и близких друзей являются хорошими прикосновениями. Нужно различать хорошие и плохие прикосновения.

Те части нашего тела, которые находятся под трусиками и купальниками, называются интимными. Если ты трогаешь или чешешь свои интимные части тела, потому что они чешутся, это нормально.

Во время медицинского осмотра врач или медсестра смотрят на твои интимные части тела и прикасаются к ним, потому что им нужно удостовериться в том, что ты полностью здоров. Такие прикосновения врача или медсестры тоже являются нормальными.

Если кто-то трогает твои интимные части тела или любые другие части тела, а тебе это не нравится, такие прикосновения считаются плохими. Если такое произойдёт с тобой, скажи этому человеку: «СТОП!», «НЕТ!» или «НЕ НАДО!», – даже если это делает член твоей семьи, друг или знакомый, который больше, старше и сильнее тебя.

Если кто-то трогал тебя там, где не следует, сразу же расскажи об этом взрослым, даже если тебя просили держать всё в секрете. Этот секрет обязательно нужно рассказать другим.

Расскажи об этом члену семьи, учителю, врачу, медсестре или взрослому, которого ты очень хорошо знаешь. Если этот человек тебе не поможет или не поверит, продолжи рассказывать об этом другим взрослым, пока кто-нибудь не воспримет твои слова всерьёз. Этот человек сделает всё, что возможно, чтобы защитить тебя от таких плохих прикосновений. К счастью, вокруг тебя много взрослых, которые обязательно тебе помогут.

Я люблю моих друзей.

Значит, ты умеешь любить!

22 МАЛЬЧИКИ, ДЕВОЧКИ, ДРУЗЬЯ

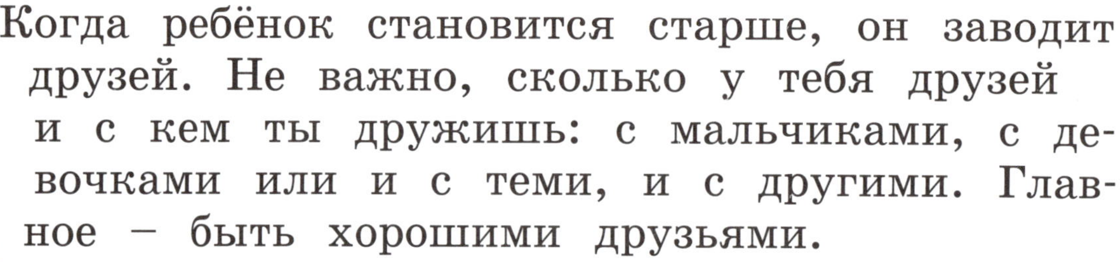

Когда ребёнок становится старше, он заводит друзей. Не важно, сколько у тебя друзей и с кем ты дружишь: с мальчиками, с девочками или и с теми, и с другими. Главное – быть хорошими друзьями.

Чтобы быть хорошим другом, нужно делиться игрушками, не лезть без очереди, играть в игры вместе, быть добрым по отношению к своему другу, сочувствовать, когда ему плохо или грустно.

Мне СОВСЕМ не нравится, когда кто-то выдёргивает мои перья. Зато мне нравится обниматься.

Мне СОВСЕМ не нравится, когда кто-то хочет меня ущипнуть! Но мне приятно, когда меня целуют, если я поцарапал крылышко.

Чтобы быть хорошим другом, нужно научиться извиняться, когда ты виноват, обнимать своего друга, держать его за руку или просто разговаривать с ним.

Если ты не хочешь, чтобы друг тебя обнимал, целовал или держал за руку, просто скажи ему об этом. Ничего страшного, если твой друг не хочет, чтобы ты сейчас держал его за руку, обнимал или целовал. Хорошие друзья прислушиваются к желаниям друг друга.

Если твой друг просит тебя сделать то, что ты не хочешь или не должен делать, например забраться слишком высоко, дразнить кого-то или снимать одежду, просто скажи ему: «Нет, я не буду этого делать!» или «Я не хочу делать это!», – даже если твой друг настаивает.

Тебе не нужно делать всё, о чём тебя просит твой друг. Для друзей вполне нормально заниматься разными делами, даже сердиться друг на друга. Но, несмотря ни на что, иметь друга очень здорово.

23 ВЗРОСЛЕНИЕ

Ты растёшь! Когда-то ты был младенцем, но теперь ты стал старше. Скоро ты станешь подростком. Сложно поверить, но когда-нибудь ты станешь взрослым. Возможно, ты даже захочешь стать мамой или папой. А когда ты станешь ещё старше, может быть, ты будешь бабушкой или дедушкой!

Взрослеть –

Когда девочки вырастают, они становятся женщинами, а мальчики – мужчинами. Чтобы повзрослеть, тебе потребуется много времени.

это так интересно!

ПОВЕРЬ В ЭТО!

РОССИЙСКАЯ НАЦИОНАЛЬНАЯ БИБЛИОТЕКА
Итак...
Тук-тук!
?
Кто там?
Пчела.
Что за пчела?
Пчела, которой ты должен поверить!
Во что?
Мы уже знаем про тела девочек и мальчиков. И нам известно, откуда берутся дети.
И мы знаем, как взрослые делают детей...
И теперь я могу поверить в то, что —
ДЕТЕЙ ПРИНОСЯТ НЕ АИСТЫ!

Какое всё-таки удивительное тело человека!
Довольно об этом. По крайней мере сейчас.

БЛАГОДАРНОСТИ

Всем этим людям небезразличны дети и семьи! СПАСИБО ВАМ ВСЕМ!

Тина Алу, специалист по планированию семьи, Кембридж Экономик Оппотьюнити Коммити, Кембридж, Массачусетс (США).

Бетси Андерсон, воспитатель детского сада, школа «Шеди Хилл», Кембридж, Массачусетс (США).

Сара Бирсс, д.м.н., педиатр, детский психиатр, Кембридж, Массачусетс (США).

Дебора Чемберлен, научный сотрудник, Норвуд, Массачусетс (США).

Нэнси Клоуз, доктор философских наук, директор Йельской программы по защите раннего детства Йельского детского учебного центра, Нью-Хейвен, Коннектикут (США).

Салли Криссман, научный педагог, Уотертаун, Массачусетс (США).

Мери Домингез, научный педагог, Белмонт, Массачусетс (США).

Бен Г. Харрис, родитель, Нью-Йорк, Нью-Йорк (США).

Билл Харрис, дедушка, Кембридж, Массачусетс (США).

Дэвид Б. Харрис, родитель, Нью-Йорк, Нью-Йорк (США).

Эмили Б. Харрис, родитель, Нью-Йорк, Нью-Йорк (США).

Хилари Г. Харрис, родитель, Нью-Йорк, Нью-Йорк (США).

Робин Хейлбрун, дедушка, Солт-Лейк-Сити, Юта (США).

Карла Хортвиц, директор центра «Калвин Хилл Дей», работник Детского учебного центра Йельского университета и факультета психологии, Нью-Хейвен, Коннектикут (США).

Лесли Кантор, доктор философских наук, вице-президент Американской федерации планирования семьи, профессор Майлманской школы публичного здоровья при университете Колумбии, Нью-Йорк, Нью-Йорк (США).

Джилл Кантровиц, педагог по безопасности, Бостон, Массачусетс (США).

Марго Каплан-Санофф, директор организации «Хелси Степс», профессор Медицинской школы при Бостонском университете, Бостон, Массачусетс (США).

Эллен Келли, основатель школы «Кембридж-Эллис» в Кембридже, Массачусетс (США).

Салли Лессер, продавец книг, Кембридж, Массачусетс (США).

Эми Левин, педагог по сексуальному образованию, Нью-Йорк, Нью-Йорк (США).

Элизабет А. Леви, автор детских книг, Нью-Йорк, Нью-Йорк (США).

Алиша Ф. Либерман, доктор философских наук, профессор клинической психологии Калифорнийского университета в Сан-Франциско, Сан-Франциско, Калифорния (США).

Кэрол Линч, педагог по сексуальному образованию, Арлингтон, Массачусетс (США).

Стивен Маранс, доктор философских наук, профессор Детского учебного центра Йельского университета, Нью-Хейвен, Коннектикут (США).

Венди Далтон Маранс, научный работник Детского учебного центра Йельского университета, Нью-Хейвен, Коннектикут (США).

Линда К. Майес, д.м.н., профессор детской психиатрии, педиатрии и психологии Детского учебного центра Йельского университета, Нью-Хейвен, Коннектикут (США).

Майкл МакГи, доктор философских наук, педагог по сексуальному образованию, Нью-Йорк, Нью-Йорк (США).

Эли Г. Ньюбергер, д.м.н., педиатр, основатель и директор (с 1970 по 2000 г.) Программы по защите детей, профессор педиатрии Бостонской детской больницы, профессор педиатрии в Гарвардской медицинской школе, Бостон, Массачусетс (США).

Джанет Питерсон, детский библиотекарь, Бостон, Массачусетс (США).

Лаура Райли, д.м.н., акушер-гинеколог гинекологического отделения Массачусетской больницы, Бостон, Массачусетс (США).

Моника Родригез, председатель Американского совета по половому воспитанию, Нью-Йорк, Нью-Йорк (США).

Хизер З. Санки, д.м.н., акушер-гинеколог Медицинского центра «Бейстейт», Спрингфилд, Массачусетс (США).

Карен Шорр, педагог дошкольного образования в школе «Бруквуд», Манчестер, Массачусетс (США).

Виктория Соломон, библиотекарь школы «Шеди Хилл», Кембридж, Массачусетс (США).

Сьюзан Веббер, консультант, Арлингтон, Массачусетс (США).

Илейн Винтер, директор дошкольных и школьных образовательных программ школы «Сёрд Стрит», Нью-Йорк, Нью-Йорк (США).

Мери Янг, директор начальной школы «Литтл Рэд Скул Хаус», Нью-Йорк, Нью-Йорк (США).

Памела М. Цукерманн, д.м.н., педиатр, Бруклин, Массачусетс (США).

В этой книге так много новых терминов!

УКАЗАТЕЛЬ

Здесь список терминов с указанием страниц, чтобы ты легко все нашёл!
1,2,3

Отзывы экспертов о книге

«Одновременно увлекательная и содержательная книга в больших подробностях описывает не только процесс размножения, но и таинство беременности и чудо рождения. В этой книге разъясняется разница между полами, которая обычно интересна детям. После её прочтения и дети, и взрослые не только узнают много нового, но и отнесутся к природе, создавшей человека, с большим почтением».

– Доктор медицины Т. Берри Брейзелтон и Джошуа Д. Спэрроу, авторы книги «Эмоциональное и поведенческое развитие вашего ребёнка от 3 до 6 лет»[1]

«Эта книга расскажет малышам правду о деторождении до того как они наслушаются ужасных историй об этом на детской площадке. Маленьким детям нужно знать, кто они такие и как они появились на свет. К сожалению, не все родители знают, что, когда и как говорить на эту тему. Эта книга избавит вас от подобных трудностей!»

– Пенелопа Лич, доктор философии, автор книги «Младенец и ребёнок»[2], редактор журнала Child.

«Мы всегда и везде рекомендуем умные и интересные книги Харрис и Эмберли. Эта книга поможет даже четырёхлетним детям ответить на все интересующие их вопросы, при этом не заставляя родителей краснеть».

– доктор медицины Джастин Ричардсон, доктор медицинских и философских наук Марк А. Шустер, авторы книги «Факты о сексе, которые вы не хотели бы рассказывать своим детям»[3]

[1] Touchpoints three to six: your child's emotional and behavioral development
[2] Your baby & child
[3] Everything you never wanted your kids to know about sex

АННА ЛЕВИНСКАЯ
педагог, специалист по половому воспитанию, многодетная мама
ДЕТЯМ про ЭТО
Я РАСТУ И ПРО ЭТО УЗНАЮ
распорядок дня
различия
гигиена
развитие
правило трусиков
беременность
безопасность
туалет
КНИГА ДЛЯ ДЕТЕЙ ОТ 3 ЛЕТ
АЛИНА БИЛАШ, ИЛЛЮСТРАТОР, BILASHMAMA

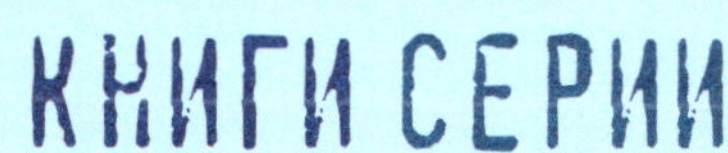

ДЕТЯМ про ЭТО

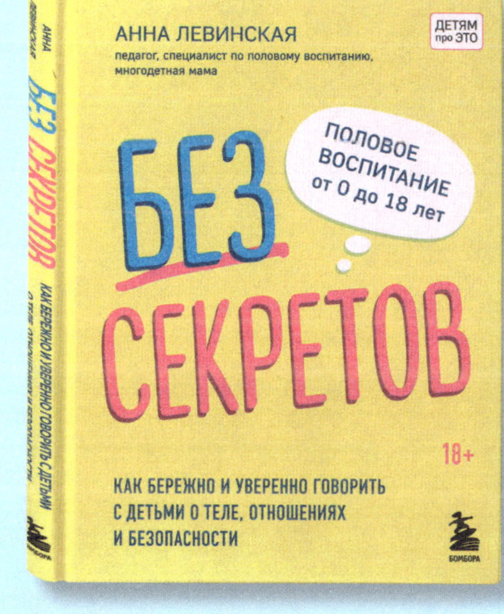

УДК 087.5:613.88
ББК 74.90
Д13

ROBIE H. HARRIS
MICHAEL EMBERLEY

It's Not the Stork

Д13 **Давай** поговорим про ЭТО: о девочках, мальчиках, младенцах, семьях и теле / [пер. с англ. К.В. Банникова]. — Москва : Эксмо, 2025. — 64 с. : ил. — (Детям про ЭТО).

По мнению психологов, с ребенком нужно говорить на деликатные темы, связанные с изменениями в теле, различиями между мальчиками и девочками, их отношениями, беременностью мамы, рождением и усыновлением. Неоценимую помощь в этом вопросе вам окажет книга «Давай поговорим про ЭТО: о девочках, мальчиках, младенцах, семьях и теле», которая ответит на большинство вопросов ребенка и сведет к минимуму смущение родителей при разговоре с детьми.

Цель этой книги — честно и доступно рассказать детям о том, насколько удивительны эти процессы на самом деле. И автору, маме и педагогу, Роби Г. Харрис, удалось вплести в увлекательные истории непростые научные сведения о теле человека.

Издание дает ребенку необходимые знания, сохраняя при этом его физическое и эмоциональное здоровье, а также ощущение чуда при зарождении новой жизни.

Книга подойдет для совместного времяпрепровождения с ребенком, а также для его самостоятельного изучения.

УДК 087.5:613.88
ББК 74.90

ISBN 978-5-699-86328-0

Пособие для развивающего обучения (дамыту біліміне арналған баспа)
Для чтения взрослыми детям (ересек балалардың оқуына арналға)

ДЕТЯМ ПРО ЭТО

ДАВАЙ ПОГОВОРИМ ПРО ЭТО:
О ДЕВОЧКАХ, МАЛЬЧИКАХ, МЛАДЕНЦАХ, СЕМЬЯХ И ТЕЛЕ
(орыс тілінде)

Главный редактор *Р. Фасхутдинов*. Руководитель направления *Т. Решетник*
Ответственные редакторы *А. Подоляк, Е. Комиссарова*. Научный редактор *Т. Буцкая*
Младший редактор *Н. Малышева*. Художественный редактор *В. Давлетбаева*
Технический редактор *Л. Зотова*. Компьютерная верстка *Л. Кузьминова*
Корректор *М. Сиротникова*

Страна происхождения: Российская Федерация
Шығарылған елі: Ресей Федерациясы

ООО «Издательство «Эксмо»
123308, Россия, г. Москва, ул. Зорге, д. 1, стр. 1, эт. 20, каб. 2013. Тел.: 8 (495) 411-68-86.
Home page: www.eksmo.ru E-mail: info@eksmo.ru
Өндіруші: «Издательство «Эксмо» ЖШҚ
123308, Ресей, Мәскеу қаласы, Зорге көшесі, 1-үй, 1-құрылыс, 20 қабат, 2013-каб.
Тел.: 8 (495) 411-68-86. Home page: www.eksmo.ru E-mail: info@eksmo.ru.
Тауар белгісі: «Эксмо»

Интернет-магазин : www.book24.ru

Интернет-магазин : www.book24.kz
Интернет-дүкен : www.book24.kz

Импортёр в Республику Казахстан ТОО «РДЦ-Алматы».
Қазақстан Республикасына импорттаушы «РДЦ-Алматы» ЖШС.

Дистрибьютор и представитель по приему претензий на продукцию
в Республике Казахстан: ТОО «РДЦ-Алматы»
Дистрибьютор және Қазақстан Республикасында өнімге шағымдар
қабылдау жөніндегі өкіл: «РДЦ-Алматы» ЖШС.

Алматы қ., Домбровский көш., 3 «а», литер Б, офис 1.
Тел.: 8 (727) 251-59-90/91/92. E-mail: RDC-Almaty@eksmo.kz

Сведения о подтверждении соответствия издания согласно законодательству РФ
о техническом регулировании можно получить на сайте Издательства «Эксмо»:
www.eksmo.ru/certification

Техникалық реттеу туралы РФ заңнамасына сай басылымның сәйкестігін растау
туралы мәліметтерді мына адрес бойынша алуға болады: http://eksmo.ru/certification/

Произведено в Российской Федерации
Ресей Федерациясында өндірілген

Сертификаттауға жатады

ISBN 978-5-699-86328-0

Дата изготовления / Подписано в печать 14.04.2025. Формат 60x100 $^1/_8$. Гарнитура «Myriad Pro».
Печать офсетная. Усл. печ. л. 8,89. Доп. тираж 15 000 экз. Заказ М-0756.
Отпечатано в типографии филиала
АО «ТАТМЕДИА» «ПИК «Идел-Пресс».
420066, Россия, г. Казань, ул. Декабристов, 2.